UYANIŞA ÜÇ ADIM

OSHO

Eserin Orijinal ismi
"Three Steps To Awakening"
olup eser bire bir olarak çevrilmiştir.

Orijinali Hintçe Samadki ke Teen Charan ismiyle basılmıştır.
Kitaptaki metinler Osho'nun canlı konuşmalarından seçmelerdir.
Osho'nun tüm konuşmaları kitaplara basılmış olarak ve ayrıca orijinal konuşma kayıtları olarak mevcuttur.
Canlı konuşmalar ve metinleri online olarak www.osho.com adresi üzerinden OSHO Library'den alınabilir.

Daha fazla bilgi için: www.osho.com

Yayıncı Sertifika No: 12162

Editör: Birol Gündoğdu
Türkçeye Çeviren: Merve Duygun
Düzelti: Fulya Tükel

Dizgi, Mizanpaj
Mineral Görsel İletişim Hizmetleri Ltd. Şti.
Tel: 0212 289 30 10

Baskı, Cilt
Yıldız Matbaa Mücellit
Maltepe Mah. Gümüşsuyu Cad. Dalgıç İş Merkezi No: 3 Kat: 2
Topkapı - Zeytinburnu
Tel: 0212 613 17 33
Matbaa Sertifika No: 33837

BUTİK YAYINCILIK VE KİŞİSEL GELİŞİM HİZ. TİC. A.Ş
Davutpaşa Cad. Emintaş Kazım Dinçol San. Sit. No: 81/257
Topkapı - İstanbul Tel: 0212 612 05 00 Faks: 0212 612 05 80
www.butikyayincilik.com • info@butikyayincilik.com

UYANIŞA ÜÇ ADIM

İçindekiler

Önsöz

Uyanış ya da uyanmak rüyanın sona erdiği anlamına gelir – o âna kadar her ne varsa artık yoktur. Dolayısıyla uyanışın anlamını açıklamak zordur, çünkü senin dilin uyku dilidir. Şu anda sana söylenebilecek ya da senin anlayabileceğin ne varsa rüya dilinde olacaktır. Sana mutlu olacağını söylesem sen rüyada bildiğin mutluluğu düşünürsün. Keder yaşamayacağını söylesem yine rüyada bildiğin aynı kederi düşünürsün.

Düşünürsen erişemezsin. Bu yüzden tüm budaların sessiz kaldıklarını söylerim. İnsanlar uyanıştan sonra ne olduğunu sorduklarında onlar hep sessiz kaldılar. "Uyan ve gör," dediler, çünkü bu, bildiğin dilin ya da dil sayesinde eriştiğin anlayışın çok ötesindedir. Orada ne mutluluğun vardır ne de kederin. Ne huzurun vardır ne de huzursuzluğun. Ne memnuniyetin vardır ne de tatminsizliğin – şu âna kadar bildiğin şeylerin hiçbiri orada yoktur. Şu âna kadar öğrendiğin kutsal metinler de yoktur. Kutsal güce dair yarattığın resimler yoktur. Cennet ve cehennem kavramların da yoktur. Sen orada yoksan düşüncelerin ve anlayışların da yoktur.

Tarif edilemeyen, tanımlanamayan bir şey vardır orada – sen buna brahman, Vişnupad, jinpad ya da budalık da diyebilirsin, ama bu sözcüklerle bile bilmen imkânsızdır. Olur da uyanırsan ancak o zaman bilebilirsin. Aptal bir insan şekerin tadını tarif edemez, ama o tattan keyif alabilir.

Uyanıştan sonra ne olacak? Kutsallığı tadacaksın, tüm geçmiş yaşamların boyunca ulaşmaya çalıştığın, ama sürekli ıskaladığın o tadı yakalayacaksın. Tarif edilmesi mümkün değil. Bu gidişattan sıkıldıysan uyan. Ama henüz zerre kadar ilgilenmiyorsan o zaman arkanı dön ve uyumaya devam et.

Ama bir gün uyanmak zorunda kalacaksın. Uyku sonsuza dek süremez ve uyku ebedi bir dinlenme hali olamaz, karanlık nihai hakikat deneyimi olamaz. Er ya da geç uyanmak zorunda kalacaksın – her şey sana bağlı. Ama uyandığın zaman daha önce uyanmadığın için pişmanlık duyacaksın – elini uzatman yeterliydi, sana öyle yakındı ki.

Osho

Coşku Şarkısı

BÖLÜM 1

Bilinç Özgürlüğü

Sana nelerden bahsetmem gerektiğini düşünüyorum. Öyle çok konu var ve dünya öyle çok sorunla çalkalanıyor ki tereddüt etmem çok doğal. Bir sürü düşünce ekolü, teoloji ve hakikat doktrini var. Konuşmalarımın, insanlığın üzerinde halihazırda ağır olan bu yükü artırmasından korkuyorum. Tereddüt içindeyim; bir şey söylemeye korkuyorum, çünkü sözlerim aklının bir köşesinde kalabilir. Sözlerime sıkı sıkı tutunmandan, söyleyeceğim şeyleri cazip bulmandan ve zihninde yer etmelerinden korkuyorum. İnsan düşünce ve doktrinler yüzünden ıstırap içindedir. Doktrinler yüzünden hakikat asla can bulmaz. Ödünç bilgiler ve başkalarının söyledikleri insanın aklına takılır ve hakikat yolunda engel teşkil ederler. Bilgiye dışarıdan erişilmez; dışarıdan eriştiğin her şey hakikate ulaşmanı önler.

Ben de dışarıdayım. Ne söylersem söyleyeyim sana dışarıdan gelecek; dolayısıyla bunları bilgi olarak kabul etmemelisin. Bu bilgi değildir; benim sözlerim senin için bilgi olamaz. Bir başkasının sana verdiği hiçbir şey bilgi olamaz ve ne yazık ki cehaletini örtbas etme tehlikesi taşır. Cehaletin örtbas edilebilir, saklanabilir ve sen bir şeyler bildiğini hissetmeye başlayabilirsin. Hakikat hakkında bir şeyler duyduğunda, hakikati bildiğini sanırsın. Hakikat hakkında yazılanları okuduğunda hakikati bildiğini düşünürsün ve böylece hakikate erişme becerin baltalanmış olur.

Öncelikle şunu söyleyeyim: Dışarıdan gelen hiçbir şey senin bilgin olamaz. Elbette o zaman bana neden konuştuğumu sorabilirsin. Neden burada bir şeyler anlatıyorum? Ben dışarıdayım ve bir şeyler söylüyorum. Söylemek istediğim tek şey şu: Dışarıdan gelen her şeyi benliğinin dışında tut; senin bilginmiş gibi düşünme. Benden veya başkasından gelsin, fark etmez.

Bilmek, her insanın gerçek özdoğasıdır. Ve kendi özdoğanı bilmek için dışarıdan medet ummana gerek yok. İçimizdekini bilmek istiyorsak dışarıdan öğrenilmiş ne varsa hepsinin unutulması, bir kenara bırakılması gerekir. Hakikati bilmek isteyenlerin kutsal metinleri rafa kaldırması gerekir. Kutsal kitaplara tutunan insan hakikate ulaşamaz. Ve hepimiz kitaplara tutunuruz; dünyadaki sorunların temeli o kitaplara olan bağlılıktır. Hindular, Caynistler ya da Parsiler kimdir? Onları birbirleriyle savaştıran güç nedir? Onları ayıran nedir?

Onları ayıran, kutsal kitaplardır. Savaşmalarının sebebi kitaplardır. Tüm insanlık, sırf bazı insanlar belirli kitaplara ve diğerleri başka kitaplara sarıldığı için bölünmüştür. Kitaplar öyle kıymetlidir ki onlar için öldürürüz. Geçtiğimiz üç bin sene boyunca o kitaplara çok değer verdiğimiz için milyonlarca insan öldürdük. Kitaplar öyle değerli bir ibadet aracı oldular ki insanın içinde var olan tanrısallık bile kınanabilir, inkâr edilebilir, yok edilebilir. Olan buydu işte. Hâlâ da olmaktadır.

Bir insanı bir diğerinden ayıran duvar din kitaplarından oluşmaktadır. Bir insanı diğerinden ayıran bir kitabın insanı varoluşla bütünleştirmesi nasıl mümkün olabilir? İnsanı insandan ayıran bir kitap, insanı varoluşla buluşturan bir merdiven olabilir mi? Kitaplarda bir şeyler bulacağımızı düşünürüz. Ve buluruz da; sözcükler buluruz. Hakikati tanımlayan sözcükler bulur ve o sözcükleri ezberleriz. Onlar hafızamıza kaydolur ve sonra hafızanın bilgi olduğunu düşünürüz.

Hafıza bilgi değildir. Bir şeyi öğrenmek ve bir şeyi ezberlemek, bilmek değildir. Bilginin doğuşu bambaşka bir şeydir. Bilmek, tüm yaşamına devrim getirir. Hafızanın eğitilmesi başka bir şeydir; hafızanın eğitilmesiyle âlim olabilirsin, ama bu bilgeliği uyandırmaz. Ben sana vaaz vererek günah işlemeyeceğim. Vaaz veren tüm insanlar günah işlerler. Ben sana vaaz vermeyeceğim. Sadece birkaç bir şey paylaşmak için buradayım. Sözlerime inanman için değil; inanman gerektiğini söyleyen insandan uzak dur, o senin düşmanındır. İnançlı olmanı söyleyen insan senin için kötüdür; yaşamını köreltmeye çalışır. İnançlı olmanı söyleyen insan, zekânı uyandırma gayretine köstek olur.

Çok uzun zamandır inançlıyız ve bugün dünyanın bu durumda olmasının sebebi tüm bu inanmalardır. Bundan daha yozlaşmış bir dünya olabilir mi? Daha çirkin? Biz inançlı insanlarız ve uzun zamandır inanıyoruz. İnsan bugün olduğundan daha kötü olabilir mi? Beyinlerimiz bugün olduklarından daha kokuşmuş olabilir mi? Bugün gördüğümüzden daha fazla acı, endişe ve mutsuzluk olabilir mi? Çok uzun zamandır inançlarımızla yaşıyoruz ve tüm dünya inanıyor – kimisi tapınağa, kimisi camiye, kimisi kiliseye; kimi o kitaba, kimi bu kitaba; kimi bu peygambere, kimi öbür peygambere. Tüm dünya inanıyor. Ve tüm bu inançlılığa rağmen, sonuç bu dünya.

Bazı insanlar sebebin inançsızlık olduğunu söyleyecektir. Ben de diyorum ki varoluş tüm bu inançları silsin. İnanç egemen olsaydı bu insanın sonu olurdu, çünkü zekâsını kül ederdi. İnanç zekâ karşıtıdır. Ne zaman biri sana söylediği şeye inanmanı söylerse aslında kastettiği şey kendi ayaklarınla yürümene gerek olmadığıdır. Biri sana inançlı olmanı söylerse asıl söylemek istediği şudur: "Neden gözlere ihtiyacın olsun ki? Benim var zaten."

Bir hikâye okumuştum.

Bir köyde, görme yetisini kaybeden bir adam varmış. Yaşlı bir adammış. Çok yaşlı bir adammış; doksan yaşlarında belki. Tüm aile bireyleri –sekiz oğlu varmış– herkes ona gözlerini tedavi ettirmesini söylemiş. Doktorların, gözlerinin tedavisinin olduğunu söylediklerini anlatmışlar.

Yaşlı adam, "Neden gözlere ihtiyacım olsun ki? Sekiz tane oğlum var, onların on altı tane gözü var. Ayrıca on altı tane gözü olan sekiz tane eşleri var. Benim için görebilecek otuz iki göz varken neden gözlere ihtiyacım olsun? Ne için? Kör bir adam olarak yaşayabilirim," demiş.

Oğulları ona anlatmaya çalışmış, ama ne çare. Yaşlı adam kabul etmemiş. "Neden görmem gereksin ki? Bu evde otuz iki tane göz var," deyip durmuş.

Günler geçmiş. Bir gün evde yangın çıkmış. Otuz iki göz dışarı koşmuş ve yaşlı adam içeride kalmış. Evi alevler sarmış, yaşlı adam evdeymiş ve otuz iki göz dışarıdaymış. Sonra yaşlı adam, insanın çaresinin kendi gözleri olduğunu hatırlamış; başkasınınkiler değil.

Çare olabilecek tek şey insanın kendi zekâsıdır; başkalarının dayattığı inançların hiçbir faydası olmaz. Hayatta sürekli yangın içindeyiz. Günün yirmi dört saati alevlerle boğuşuyoruz. Bize yardım edebilecek sadece kendi gözlerimizdir, başkasınınkiler değil. Mahavira'nın, Buda'nın, Krişna'nın, Rama'nın gözleri değil. Başkasının gözleri bize çare olamaz.

Ama din adamları, din satan tüccarlar, din adı altında insanları sömürenler inançlı olman gerektiğini söyler dururlar: "Zekâya ne gerek var? Neden kendin düşünesin ki? Düşünceler hazır zaten. Kutsal düşünceler var; onlara inanman yeterli."

Biz o düşüncelere inandık, ama inandıkça aşağılara düştük. Bilincimiz aralıksız bir düşüşte. İnançla hiçbir bilinç yükselemez. İnanç intihardır. Ben sana bir şeye inanmanı söylemiyorum; kendini tüm inançlardan kurtarmanı söylüyorum.

Hakikati tatmak isteyen, tanrısallığa yaklaşmak isteyen, kutsal gücün ışığını ve sevgisini yaşamak isteyen her insan, ilk koşulun her türlü inançtan kurtulmak olduğunu bilmelidir. Özgürlük, bilinç özgürlüğü, zekâ özgürlüğü, hakikati bilmenin ilk koşuludur. Bilinci özgür olmayan insan pek çok şey bilebilir, ama asla hakikate yaklaşamaz. Bilinç özgürlüğü, hakikatin kapısından girmek için şarttır.

İnançlar bağlayıcı unsurlardır, seni köleleştirirler. İnançlar prangalar yaratır, seni esir ederler. Kitaplar ve doktrinler prangalar yaratır ve seni köle yaparlar. Şaşırtıcıdır bu: Sen belirli bir evde doğdun –ve şans eseri o ev bir Hindu ya da bir Hıristiyan'ın eviydi– ve doğduğunda dinin belirlenmişti.

Hayatının geri kalanını, "Ben Hindu'yum, Hıristiyan'ım, Caynistim" diyerek geçireceksin. Bilgi, doğduğun anda sahip olduğun bir şey olabilir mi? Doğduğun evin bilgiyle bir ilişkisi olabilir mi? Eğer insanlar sırf doğdukları yere bakarak dindar olabilselerdi şimdi tüm dünya dindar olurdu. Ama dünya öyle dinsiz ki bu, dinin doğumla bir ilişkisinin olamayacağının ispatıdır – din hepimize doğduğumuzda tayin edilir.

Dinin doğumda tayin edilmesi, sorunun temel sebebidir. Sırf bu sebepten din yeryüzüne inemez.

Hiçbir insan doğuştan dindar olamaz, yaşamı süresince dindar olur. Hiçbir insan doğuştan inançlı olamaz. Daha zekâmız uyanmadan, toplum, ailemiz, ebeveynlerimiz, öğretmenlerimiz ve din adamları bizi inançlara boğarlar. Zekâmızın gökyüzünde kanatlanmasına fırsat bırakmadan inanç zincirleri bizi toprağa bağlar. Hayatımız boyunca o zincirlerle topallar dururuz. Asla düşünemeyiz. İnançlı bir insan asla düşünemez, çünkü her zaman her şeye inancının perspektifinden bakar. Ne düşünürse düşünsün, önyargılıdır. Düşündüğü her şey peşin hükümlüdür. Sahip olduğu düşünceler her zaman ödünç ve sahtedir. O düşünceler onun bireysel düşünceleri değildir.

İnsanın kendisine ait olmayan bir düşünce, kendisine ait olmayan bir zekâ, sahtedir. İçinde hiçbir gerçeklik barındırmaz; üzerine yaşamın inşa edilebileceği hiçbir temel oluşturmaz.

Ülkenin dört bir yanında insanlara sorduğum soru şudur: "Bir sürü inancın var; peki düşüncen var mı?" "Bir sürü düşüncem var," diye yanıtlarlar. "İçlerinde gerçekten sana ait olan düşünce var mı? Tamamen sana ait olan? Yoksa hep başkalarından gelen düşünceler mi var?" derim.

Başkalarına ait olan zenginlik senin yaşamına zindelik

katabilir mi? Düşüncelerimizdeki tüm zenginlik başkalarından ödünç alınmıştır ve onlara aittir. Zihnin ilk esareti budur. Zihin önce bu esaretten kurtulmalıdır. Yeni bir insanın doğuşu ancak zihninin tüm ödünç düşünce ve kavramlardan kurtulmasıyla mümkündür. Ben özgürlüğe öncü unsur derim.

Hakikat arayışına çıkmak isteyenler, içinde yaşamın anlamını bilmek için bitmek bilmeyen bir arzu duyanlar, bu engin varoluşun ve etrafımızdaki her şeyin amacını bilmek için yanıp tutuşanlar... Coşkunun, mutluluğun ve tanrısallığın ne olduğunu bilmek isteyenler, ilk koşulun, ilk adımın bilinçlerini özgürlüğe doğru götürmek, bilinçlerini özgürleştirmek olduğunu hatırlamalılar.

Nihai özgürlüğe sahip olmak istiyorsan daha ilk adımda özgürlüğün temellerini koymak zorundasın. Hepimiz bağlıyız; hepimiz o veya bu inanca bağlıyız. Neden? Çünkü bilmek için cesur olmak ve gayret sarf etmek zorundayız. İnanmak için ne cesaret ne de gayret gerekir. İnançlı olmak için herhangi bir çaba göstermen gerekmez; belirli bir spiritüel disipline ihtiyacın yoktur. Birine inanmak için cesaret yoksunu, disiplin yoksunu, gayret yoksunu olman kesinlikle yeterlidir. Müthiş tembel olman ve atalete eğilimli olman gerekir; işte o zaman inanç kendiliğinden gelir.

Kendi adına arayışa girmek isteyen insan başkalarının söylediklerine inanır, onların söylediklerini sorgusuz sualsiz doğru kabul eder. Hakikate hürmeti olmayanlar, hakikat hakkındaki genel geçer doktrinleri doğru kabul edenler insanlardır. Hakikati bilmek için yanıp tutuşmayan insan, başkalarının ona dayattığı düşüncelere gözü kapalı inanır. Eğer bir insan hakikat özlemi çekiyorsa o kendini hiçbir dine, hiçbir doktrine, hiçbir mezhebe teslim etmez. Arar ve hakikati kendi bulur. Tüm yaşam enerjisiyle arar ve bu şekilde arayan insan kuşkusuz bulacaktır. İnanmaya devam eden insan sadece yaşama fırsatını kaçırmakla kalmaz, hakikate de ulaşamaz. Hakikate ulaşmak çaba ve disiplin gerektirir. Ama biz inanmaya başlarız; korkak, ödlek insanlarız. Herhangi birinin ayaklarına kapanabiliriz. Herhangi birinin elini tutar ve hayata dair bir açıklama isteriz. Herhangi bir gurunun, kutsal bir insanın, bir azizin yardımıyla nehri geçmek isteriz. Bu imkânsızdır. Bu kesinlikle imkânsızdır; öyle ki bundan daha imkânsız hiçbir şey yoktur.

Özgürlük, bilincin temel koşuludur. Bilincimiz nasıl özgür olabilir? Biz nasıl özgür olur ve bilincimizi özgür bırakırız? Kalıplar içine sıkışmış bir zihni nasıl serbest bırakırız? Bu konuyu üç veya dört seansta, kapsamlı bir şekilde tartışmak isterim. İnsanlığın yüz yüze olduğu en büyük sorun bilincin özgür bırakılmasıdır. Mesele bir Tanrı değil, mesele bilinç özgürlüğüdür.

İnsanlar gelip bana Tanrı var mı diye sorarlar. "Tanrı'yı unut; senin bilincin özgür mü?" diye sorarım. Biri bana gökyüzü var mı diye sorsa, güneş var mı diye sorsa ben ona ne sorarım? "Gözlerin açık mı?" Güneş vardır, ama asıl mesele onun gözlerinin açık olup olmamasıdır. Tanrısallık vardır, ama tanrısallığın can bulması için bilinç açık olmak zorundadır. Kuşatılmış bir zihin ve kapalı gözler onu nasıl görebilir? İnancı saplantıya dönüştürmüş bir insanın gözleri kapalıdır, zihni esaret altındadır. Bir insan aklına bir bakış açısı koydu mu, o kavramı içselleştirir; daha bilmesine fırsat kalmadan zihnini kapatır. Kapılar kapanır. Sonra da kalkıp sorar: "Tanrı var mı? Hakikat var mı?"

Kapalı bir zihin için kuşkusuz ne hakikat vardır ne de Tanrı.

Asıl soru Tanrı'nın var olup olmaması ya da ruhun var olup olmaması, hakikatin var olup olmaması değildir. Asıl soru: Bu insanın bilme yetisine sahip bir bilinci var mı? O bilinç olmadan, yaşamın anlamını bilmenin ya da yaşama erişmenin bir yolu asla olmamıştır ve olmayacaktır. Sadece zekâsı tamamen özgür olan ve algılama becerisine erişmiş bir insan bilme yetisine sahiptir.

Bilincimizi nasıl nihai özgürlüğe taşıyabiliriz? Bilincimizin kapılarını nasıl açarız? Güneş ışıkları içeri girebilsin diye pencereleri nasıl açarız? Var olanı görebilmek için gözlerimizi nasıl açarız? Bir şeye inanmaya başladığımızda, gözlerimize bir perde iner ve var olanı göremeyiz; sadece inandığımızı görmeye başlarız.

Krişna'nın, Rama'nın ya da İsa'nın vizyonunu görmüş insanlar vardır. Bu vizyonlar mümkündür. Eğer bir şeye inanmaya başlarsak; eğer inançlıysak ve ona zihnimizde anlam yüklersek; eğer onu hatırlamaya devam eder, oruç tutarak, kefaret ödeyerek kendimizi sürekli hipnotize edersek, onu her daim düşünürsek, düşünce ve inançları saplantı haline getirirsek o zaman vizyon görürüz. O vizyon hakikate dair bir şey içermez, sadece hayal gücümüzün yansıması olur. Düşüncelerimizin vizyonu olur. İnançlarımızın yansıması olur. Hayat verdiğimiz kendi rüyamız olur. Tüm dünyada farklı dinlerden insanlar farklı tasavvurlar görürler. Bu tasavvurlar gerçek değildir.

Hakikatle yüz yüze gelmek için, tanrısallığı gerçek anlamda bilmek için tüm kavram ve hayallerimizden vazgeçmeli, rüyalarımızın buharlaşıp yok olmasına izin vermeli, düşüncelerimizi yok etmeli ve içe, herhangi bir inanç barındırmaksızın bakabilmeliyiz. İnançtan yoksun bir tasavvur, hakikat tasavvurudur. İnanca dayalı bir tasavvur, hayal gücümüzün yansıması, hayal gücümüzün tasavvurudur. Bu tip bir vizyon dini bir tasavvur değildir; sadece zihinsel hayal ve rüyaların yansımasıdır. Bu deneyim gerçek değildir; bizzat zihin tarafından hazırlanmış ve üretilmiştir. Zihin temellidir; onu biz üretiriz. Pek çok insan böyle Tanrı tasavvuru görür. Oysa bu Tanrı'nın tasavvuru değildir, çünkü Tanrı'nın bir şekli veya biçimi yoktur. Hakikatin şekli ya da niteliği olmaz. Her şeye nüfuz eden hakikati bilmek için tamamen sessiz ve boş olmalıyız.

Eğer bilincimiz kesinlikle tercihsiz, huzurlu ve sadeyse, eğer zihnimizde hiçbir düşünce yoksa, rüyalar belirmiyorsa... Eğer bilincimiz tamamen sessizse o sessizlikte ne biliriz?

O sessizlikte bir şey bilinir. O boşlukta bir şeyle bir bağ ve temas kurulur. O huzurda, kutsal bir evreyle temas kurarız. O temas, o bağ, o anlayış, o farkındalık, o algı, tanrısallığın ve hakikatin algısıdır.

Buna ulaşmak için söylediğim gibi ilk adım bilincin özgür olmasıdır. Bilinç inançlardan yoksun olmalıdır; mezhep ve doktrin kalıntıları yok edilmelidir.

Bizler, bize dayatılan düşüncelerin, doktrinlerin ve kitapların yüküyle boğuşuyoruz. O yükün altında eziliyoruz. Geçtiğimiz beş bin senedir insanlar düşünüyor ve o beş bin senelik düşüncenin ağırlığı küçük bir insanın beynindedir. Beş bin sene boyunca birikmiş düşüncelerin ağırlığı üzerimizdedir. Bu yük yüzünden, bilincimiz özgür kalamaz, yükselemez. Ne zaman düşünmeye başlasak o ağırlığın altında dönüp dururuz. Oluklar vardır ve biz o olukların içinde döneriz. Zihnimiz aynı kuyunun içinde dönüp duran bağlı bir manda gibi döner durur.

Bir insanın hakikat dünyasına girebilmesi için önce bildiği tüm yollardan ayrılması gerekir. Bildiği her şeyi bırakması gerekir, ancak o zaman bilebilir. İnandığı her şeyden kurtulması gerekir, ancak o zaman var olanı görebilir.

Mutlaka suyla dolu bir havza görmüşsündür; havza dışarıdan gelen suyla dolar. Çimentoyla tuğlalar bir daire şeklinde örülür ve ardından içine su doldurulur. Diğer yandan, suyla dolu bir kuyu da görmüşsündür. Tüm taşlar ve çamur alındığında, toprağın içinden sular yükselir. Havzadaki su birkaç günde bozulur. Durağandır. Kaynağı olan kuyudaki su ise bozulmaz. Kuyunun yaşam kaynağıyla güçlü bir bağı vardır; o en nihayetinde denize bağlıdır. Havza hiçbir şeye bağlı değildir; dışarıdan gelen suyla dolar. Kuyu okyanusa bağlıdır; dışarıdan gelen suyla dolmaz. Aynı şekilde iki tür bilgi vardır. Biri, dışarıdan dolan havzanın bilgisidir. Kısa sürede kokar, bayatlar. Dünyada hiçbir beyin, bir âlimin beyni kadar kokuşmuş olamaz. O doğru düşünme becerisinden yoksundur. Çok zavallı bir haldedir. İçindeki her şey dışarıdan gelmiştir. O sadece var olanları tekrar eder; bir makine gibidir. Bir âlimin vaazları mekaniktir. Ona her şeyi sorabilirsin; yanıt hazırdır. Sen daha soruyu sormadan o çözümü bilir. Yanıtı bilir. Yanıtlar ona dışarıdan verilmiştir.

Batı'da şu günlerde ve yakında bizim ülkemizde de olacak, sorular yükleyebildiğin makineler icat ettiler. Makineler yanıtları veriyor. Dolayısıyla dünyada âlimlere gerek kalmayacak, çünkü artık soru ve yanıtların önceden yüklendiği makineler var. Soruları yükleyebilir ve beşinci sorunun yanıtını istediğini söyleyebilirsin. Makine sana yanıtı verir. Sana yanıtın ne olduğunu bir makine söyleyebilir, dolayısıyla dünyada âlimlere gerek kalmadı. Onun işini bir makine çok daha verimli bir şekilde yapabilir. Makinelerin bir faydası daha var; kimseyle kavga etmezler, çatışmalara yol açmazlar. Tartışmazlar. Sadece yanıtı verirler.

Dışarıdan beslenen bilgi kötüdür. Beyni beslemez; beyni koşullandırır ve onu bölümlere ayırır. Uçma olasılığını yok eder, kanatlarını kırar.

Diğer bilgi türü ise kuyudaki su gibi içten gelendir. Bir kuyuda çamuru ve taşları çıkarman gerekir, bir havzada ise çamur ve taşları birbirine örmek zorundasın. Birinde su kaynaktan gelir, diğerini suyla doldurursun. Bu ikisini oluşturma süreci kesinlikle farklıdır; iki birbirine zıttır.

Sen de bilgiyi bir havza gibi dışarıdan mı alıyorsun? Öyleyse dikkatli olmalısın; zekânı kendi ellerinle yok ediyorsun. Kutsallığa doğru uçabilecek beynini toprağa bağlıyorsun.

Bilgiyi dışarıdan alma. Bırak, bilgi içeriden gelsin. Bilginin içeriden gelmesi için topladığın tüm taş ve çamurdan kurtulman gerek. Topladığın tüm bilgileri bir kenara bırak ve sade ol. Eğer bilgileri bırakır ve sade olursan içinde yeni bir enerjinin yükseldiğini fark edersin. Yeni bir şey hayat bulacak. Zenginlikten vazgeçmek kolay, düşüncelerden vazgeçmek zordur. Düşüncelerinden kurtulman çok zordur; onlardan nasıl kurtulacağını merak ettiğine eminim. Bir insan rahip olduğunda zenginliğinden vazgeçer, evini bırakır, arkadaşlarından ve akrabalarından ayrılır, eşinden ve dostlarından feragat eder. Ama ev sahibi olarak tutunduğu düşüncelerini bırakmaz. Onlara sarılmaya devam eder. Bir Caynistse, "Ben Caynist rahibim," der. Hıristiyansa, "Hıristiyan rahibim," der. Tutunduğu düşüncelere tutunmaya devam eder ve diğer her şeyden vazgeçer. Vazgeçtiği ev sahibi onun dışındadır. Ev sahibinin düşünceleri içindedir ve onlardan vazgeçmesi zordur.

Düşüncelerinden vazgeçen insan, hakikati bilme yetisine sahip insandır. Sadece evinden vazgeçerek kimse hakikate erişemez; bir evin duvarları hakikati bilmeye engel değildir. İster bu evde oturayım ister başka bir evde, duvarlar hakikatin önündeki engel değildir. Birlikte oturduğum insan da engel değildir. Bulunduğum yer de engel değildir. Hakikati bilme yolunda tek bir engel vardır ve bu da içerideki düşünce duvarlarıdır; bu duvarlar başlı başına engeldir. Onları yok etmek kesinlikle zordur. Sana düşüncelerinden kurtulman gerektiğini söylediğimde aklına o soru gelir: Nasıl kurtulacağım? Düşünceler nasıl gider? Onlar sürekli içerideler. Öğrendiğin şeyleri nasıl unutacaksın?

Öğrendiğimiz şeyleri unutmanın kesinlikle bir yolu vardır. Toplanan her şeyden kurtulmanın bir yolu vardır. İçeride biriktirilen şeyleri salıvermenin bir yolu vardır ve bu, tüm bunları içeri almak için kullanılan yöntemle aynıdır. Yöntem her zaman aynıdır. Aşağı inmek için tırmanırken kullandığımız basamakları kullanırız. Yöntem hep aynıdır; iniyor ve çıkıyor olman bir şeyi değiştirmez. Tek fark yöndür; tek fark yüzünü diğer yana dönmendir. Düşünceleri toplamak için kullanılan tüm yöntemler, yüzümüzü diğer yöne dönerek tekrarlanabilir. Düşüncelerimizi nasıl biriktirdik? Düşünce toplamanın en önemli ve en derin katmanı bağlılığımızdır. Onların bizim olduğu hissidir. Sanki düşünceler bizimmiş gibi hissederiz.

Sana ait herhangi bir düşünce var mı? Tartışmak istesem, "Benim düşüncelerim doğru," diyeceksin. Biraz düşün, sana ait olan herhangi bir düşünce var mı? Yoksa tüm düşüncelerin dışarıdan mı geldi?

Bir düşüncenin "benim" olduğunu söylemek anlamsızdır. "Eş benim değil, çocuklar benim değil, ev benim değil," diyen dindar insanlar bile, "Bu benim dinim," der. "Benim düşüncem, benim felsefem," derler. Düşünce seviyesinde bile bağlılıktan vazgeçemezler. "Benim" hissi gitmez. Bu seviyede bağlılık hissinden vazgeçemeyen insanlar, o histen hiçbir seviyede vazgeçemezler. Kaç kez "Eş benim değil," bile deseler, içten içe "O benim eşim," derler.

Swami Ramateertha, Amerika'dan dönmüş. Bir süre tüm Avrupa ve Amerika'da hayatın özünü anlatıyormuş ve oldukça etki bırakmış. Milyonlarca insan onu dinlemiş ve ona ibadet etmiş. Ardından Hindistan'a dönmüş ve Himalayalar'da birkaç gün geçirmiş. O sırada eşi onu görmeye gitmiş ve Ramateertha onunla görüşmeyi reddetmiş. "Onunla görüşmeyeceğim," demiş.

Ramateertha ile birlikte yaşayan Sardar Pooran Singh çok şaşırmış. Ramateertha'ya, "Daha bir kadını geri çevirdiğini görmedim. Avrupa ve Amerika'da binlerce kadın geldi ve sen hiçbirini geri çevirmedin. Neden bu kadınla görüşmek istemiyorsun? Bir seviyede hâlâ eşin olduğuna mı inanıyorsun? Sen onu bırakıp gittin. Şimdi kendi eşinle görüşmeyi reddediyorsun," demiş.

Kuşkusuz, bir seviyede hâlâ o kadının eşi olduğuna inanıyordu; diğer kadınlarla görüşmüş ve hiçbirini geri çevirmemişti. Düşüncelerine bağımlı olduğun sürece, herhangi bir şeyden vazgeçebileceğini sanma. Gerçek bağlılık ve yük o düşüncededir. Diğer her şey dışarıdadır, senin üzerinde hiçbir etkileri yoktur. Üzerinde etkisi olan tek şey düşüncedir. Bir şey bildiğini hissetmene sebep olan düşünce çemberi, o ağır düşünce yüküdür. Kendine, "Bu gerçekten bana mı ait?" diye sorman gerekir.

Bir zamanlar bir rahip varmış. Genç bir adam yaşlı rahibin cemaatini ziyaret etmiş. Birkaç gün boyunca yaşlı rahibin anlattıklarını dinlemiş – ve yaşlı rahibin söyleyecek çok az şeyi varmış. Genç adam aynı şeyleri tekrar tekrar dinlemekten sıkılmış ve "Buradan ayrılsam iyi olacak, belli ki öğrenebileceğim pek bir şey yok," demiş. Tam o sırada cemaate yeni bir rahip gelmiş. O gece yeni rahip müthiş, çok ciddi ve derin bir vaaz vermiş.

Genç adam konuk rahibin konuşmalarını dinlemiş ve kendine, "İşte bir usta böyle olmalı; engin bir bilgisi var, ciddi ve derin. Cemaatinde kaldığım yaşlı rahip çok az şey biliyor," demiş. Aynı zamanda yaşlı rahibin, genç rahibin böyle konuştuğunu duyunca üzüldüğünü düşünmüş. Kuşkusuz gücenmiş olmalıymış. "Yaşlı rahip hiçbir şey bilmiyor. Tüm hayatını ziyan etmiş."

Konuşmasını tamamladıktan sonra genç rahip cemaatte bıraktığı etkiyi görmek için gururla etrafına bakmış.

Ardından dönüp yaşlı rahibe bakmış.

Yaşlı rahip, "İki saattir büyük bir dikkatle dinliyorum, ama hiç konuşmadığını gördüm," demiş. Genç rahip, "Sen delirdin mi? İki saattir konuşuyorum ve herkes sessizce beni dinledi – ve sen iki saattir beni dinlediğini ve benim hiçbir şey söylemediğimi söylüyorsun," demiş. Yaşlı rahip, "Kesinlikle çok dikkatli dinledim, ama sen hiçbir şey söylemedin. Söylediğin şeylerin tamamı başkalarından geliyor. Kendi deneyimine dair hiçbir düşüncen yok. Başkalarının düşüncelerini aktardın, ama sen konuşmadın," diye yanıtlamış.

Düşünce özgürlüğü ve zekânın uyanışı için gereken ilk şey, ilk farkındalık şudur: "Hiçbir düşünce benim değildir. Hiçbir düşünce benim değildir." Senin olmayan bir düşünceye "benim" demek yalan söylemektir. Hiçbir düşünce "senin" değildir. Biz kendimizi düşüncelerle özdeşleştiririz. "Caynist din benim dinimdir, Hinduizm benim dinimdir, Rama benimdir, Krişna benimdir, İsa benimdir," deriz. Kendimizi düşüncelerle özdeşleştirmeye başlarız.

Ve bu şaşırtıcıdır, çünkü hiçbir düşünce sana ait değildir. Hiçbir din senin değildir. Zihnine "Hiçbir düşünce benim değildir" farkındalığını yerleştir. Tüm düşüncelerini gözden geçir ve her birinin başka bir yerden geldiğini gör. Tıpkı tünemek için ağaçlara konan kuşlar gibi düşünceler de zihne tünemeye gelirler. Sen insanların gelip gittiği bir konukevi gibisin.

Küçük bir handa yaşanan bir olayı hatırladım...

İnsanlar geceyi geçirmek için hana geliyormuş. İşlerini henüz bitiren bir diğer grup ise handan ayrılıyormuş. Hanın dışında, kendi kendine gülen bir mistik varmış. Hana yeni gelen bir adam mistiğe sormuş: "Neden gülüyorsun?"

"Bu hanı izlemek bana zihnimi hatırlatıyor; bu yüzden gülüyorum," diye yanıtlamış.

Aynı şekilde düşünceler de gelir ve gider. Zihin sadece bir handır ve hiçbir düşünce ona ait değildir. Zihin sadece düşüncelerin gelip gittiği bir handır.

Zihnini dikkatli bir şekilde gözlemlersen anlayacaksın. Dün sahip olduğun düşünceler bugün yoklar; bir gün önce orada olan düşünceler bugün yoklar; bir sene önce olan düşünceler bugün yoklar; on yıl önce sahip olduğun düşünceler de bugün yoklar ve yirmi sene önce var olan düşüncelerden iz yok. İster elli yaşında ol ister kırk, otuz veya yirmi, dön ve geçmişe bak: O yirmi sene boyunca aklından geçen düşüncelerin kaçı bugüne kaldı? Düşünceler gelir ve gider. Sen sadece bir hansın, bir duraksın. Düşüncelerin senin olduğunu sanıyorsun. Ve sen onların sana ait olduklarını düşünmeye başladıkça düşünceler seni kontrol etmeye başlıyor ve içinde bir düşünceler duvarı örülüyor.

Bilinç özgürlüğü için hatırlaman gereken ilk şey, hiçbir düşüncenin sana ait olmadığını bilmektir. Eğer hiçbir düşünce sana ait değilse ve düşünceler gelip gidiyorlarsa o zaman sen kimsin? Sen kimsin? Kuşkusuz bir tanıktan başkası değilsin. Bir gözlemciden başkası değilsin. Sen sadece izleyicisin. Bir oyunu izlerken bile kendimizle özdeşleştiririz. Bir film izlerken kendimizle özdeşleştiririz. Film devam eder, üzücü bir sahne yaşanır ve biz ağlamaya başlarız. Ve bu sadece sıradan insanlara özgü bir şey değildir.

Bengal'de büyük bir düşünür vardı: Ishwar Chandra Vidyasagar. Onun bilgi pınarı olduğu düşünülürdü. Kalküta'da küçük bir tiyatro oyunu sahnelendi ve o da oyunu izlemeye gitti. Oyunda, bir kadına şiddet uygulaması gereken bir karakter vardı ve o karakter kadını aşağılamaya başladı. Oyunu izleyen Vidyasagar aktöre öyle sinirlendi ki ayakkabısını çıkarıp adama fırlattı – ve bu adamın bilgi pınarı olduğu sanılıyordu! Ayakkabısını adama fırlattı.

Aktör ondan daha bilgeydi. Ayakkabıyı yerden aldı, eğilip selam verdi ve "Demek o kadar başarılıyım ki sizin gibi üstün bir adamı bile kandırmayı başardım," dedi. Ve ekledi: "Bu benim hayatımın zaferi. Oyunculuğum konusunda bundan daha büyük bir ödül almadım. Bu başardığımı gösteriyor."

Daha sonra Vidyasagar çok mahcup oldu ve "Ben nasıl böyle bir hata yaptım?" dedi. "Bunun sadece bir oyun olduğunu unuttum ve kendimi oyunla özdeşleştirdim."

Bu hayatta, düşünce seviyesinde bile bir gözlemciden başkası değiliz – ama kendimizi düşüncelerimizle özdeşleştiririz. Oysa biz sadece zihin ekranından geçen düşünceler karşısında bir tanığız.

Düşünsene... Gece bir rüya gördün ve sabah uyandın. Rüyaların gelip gittiklerini söyledin ve sonra gününe devam ettin. Bir çocuktun ve çocukluğunu geçirdin; genç bir adam oldun; yaşlandın. Hatırlamaya çalış; senin içinde her zaman var olan o ebedi unsur nedir?

Tanık haricinde hiçbir şey sürekli kalmaz. Diğer her şey gelir ve gider. Çocukluk gelir ve gider; gençlik gelir ve gider; yaşlılık gelir ve gider. Doğum gelir, ölüm gelir; mutluluk gelir, mutsuzluk gelir; güneş doğar, gölgeler gelir; saygı olur, hakaret olur. Tüm bunlar gelir ve gider.

Hayatın boyunca asla gelmeyen ve asla gitmeyen tek unsur nedir? Tanık unsurudur. Tüm bunları gözlemleyen, güneşin doğduğunu gözlemleyen, güneşin battığını gözlemleyen, gençliğin geldiğini gözlemleyen, yaşlılığın geldiğini gözlemleyen; bir düşüncenin geldiğini ve başka bir düşüncenin geçtiğini izleyen başka bir şey olamaz. Tanık haricinde her şey gelir ve gider. Başka hiçbir unsur sürekli kalmaz. Tek bir şey kalır ve bu da görme gücü, gözlemleme ve gözlemci olma becerisidir; tanık olma halidir.

Düşünce seviyesinde tanık ol. Düşünceyi gözlemle, ona sarılma. Düşünceye tutunma, onu gözlemle. Bir tanık olarak gözlemle.

Biz tanık olarak kalmayı başaramıyoruz, çünkü bazı düşüncelerin kötü ve bazı düşüncelerin iyi olduğuna inanıyoruz. İyi olanlara tutunmak ve kötü olanlardan kurtulmak istiyoruz. Bu yüzden tanık olmayı başaramıyoruz. İyi ve kötü düşünceleri ayırt edebilen insan – bu düşünce iyi ve o iyi düşünceye tutunmak ister, kötü düşünceden kurtulmak ister... İyi ve kötü düşünceyi ayırt eden insan tanık olamaz.

Bir düşünce sadece bir düşüncedir; bir düşünce iyi veya kötü değildir. Bir düşünce ne iyidir ne de kötü; düşünce sadece düşüncedir. Bir insan iyi veya kötü demeye başladığı anda, bir düşünceye tutunur ve diğerini uzaklaştırır. Dahası, birine tutunan ve diğerinden kurtulmaya çalışan insan, iyi ve kötü dediği şeylerin aynı madalyonun iki yüzü olduğunu anlamalıdır. İyi olana tutunursa, kötü olan da kurtulur – ve kötü olanı iten kişi, iyi olanı da iter. Onlar birliktedir.

Düşünceler birlikte hareket ederler. İyi dediğimiz bir insanın kötü düşünceleri olmadığına inanmamalısın. Onun da kötü düşünceleri var. Kötü düşünceleri olmayan iyi bir adam bulamazsın; aynı şekilde iyi düşünceleri olmayan kötü bir insan da bulamazsın.

Evet, hiçbir düşüncesi olmayan insan da vardır. Bu tamamen farklı bir şeydir, tamamen farklı; ama şu anda bundan bahsetmiyorum. Düşünceleri olmayan insan vardır. O ne iyi ne kötüdür. O insandan daha yücedir; o iyiyi ve kötüyü aşmıştır. Ben ona mistik derim. Sadece o hakikati bilir.

İyiye tutunan insan, kötünün de hâlâ içinde var olduğunu bilmelidir. Kötü bir insanın uyanıklık saatlerinde yaptığı şeyi, iyi bir insanın uykusunda yaptığını bilmek seni şaşırtabilir. Çünkü iyi bir insanın da kötü düşünceleri vardır. Ve kötü insanların kötü rüyalar görmediğini bilmek de seni şaşırtacaktır; kötü rüyalar görenler iyi insanlardır. Kötü bir insanın iyi rüyaları olur. Kötü bir insan rüyasında aziz olduğunu görür ve iyi bir insan kötü olduğunu görür. Uyanıklık saatlerinde tutundukları ve kendilerinden uzak tuttukları şeyler, uyku esnasında geri gelir. Onlar zaten vardır, ama uyanıkken ortaya çıkmalarına izin vermezler. Bu yüzden bilinçaltında ortaya çıkarlar. Eğer iyi insanların zihinlerini açabilseydin orada hapishanelere tıkılmış insanların yaptıkları tüm günahları işlediklerini görürdün. Aralarında çok fark yoktur. İyi bir insan da kötü bir insanın işlediği günahları işler. O bunları zihninde yapar, kötü insan ise dışarıda. Hayallerinde kötü insanlar, iyi bir insanın yaptığı iyi şeyleri yapmaya devam ederler. Rüyalarında iyi şeyler görürler. İyi ve kötü her zaman birliktedir. İçinde tek bir kötülük olmayan iyi insan diye bir şey yoktur. Aynı şekilde, içinde iyilik olmayan kötü insan da yoktur. Bastırdığımız her şey derinlere gider; vurguladıklarımız su yüzüne çıkar. Bu tıpkı bir madalyon gibidir; bir yüz öne bakarken diğer yüz arkaya bakar. İyi ve kötü de aynı düşüncenin iki yüzüdür. Tanık olmak ve hakikati bilmek isteyen bir insan, tüm düşüncelerin sadece düşünceden ibaret olduklarını anlamak zorundadır. Hiçbir şey iyi değildir ve hiçbir şey kötü değildir. Bir insan bir şeyin iyi ve başka bir şeyin kötü olduğuna karar verdiğinde, birine tutunur ve diğerinden kurtulmak ister ve dolayısıyla tanık olarak kalamaz. Tanık olmak için önyargısız, peşin hükümüz, arzusuz kalman gerekir. Bu, hiçbir şey yansıtmadığın, düşüncelerini tam da oldukları gibi gördüğün bir evrede olmak demektir. Düşüncelerinin tanığı olan ve yargılamayan, onları iyi veya kötü olarak sınıflandırmayan, lanetlemeyen, hiçbir düşünceyi eleştirmeyen ya da övmeyen insan çok şaşırır; bu şekilde tanık olmayı sürdürdüğünde, yavaş yavaş, sessizce ve dingin bir şekilde düşüncelerinin kaybolduğunu, tüm düşüncelerinin boşaldığını fark eder. Düşünceler, onlara duyduğu bağlılık duygularından kurtulan bir insanın bilincine gelmeyi bırakırlar.

Bağlılık duygularından kastettiğim, onlara duyduğu sevgi ve nefret duygularından tümüyle kurtulmasıdır. Her ikisi de bağlılık duygularıdır. Sevdiğimiz kapımıza gelir, ama nefret ettiğimiz de kapımıza gelir. Dostlar etrafımızı kuşatır, ama düşmanlar da öyle. Bazen etrafımızda dostlarımız olmayabilir, ama düşmanlarımız her zaman yanımızdadır. Zihnimiz onlarla uğraşmayı sürdürür. Eğer bir insan paranın, parayı düşünmenin kötü olduğunu düşünürse sürekli parayla ilgili düşüncelerle boğuştuğunu fark eder. Bir başkası yemek yemenin kötü olduğunu düşünmeye başlarsa sürekli yemeği düşünür. Bir insan seksin günah olduğunu, cinsel arzunun günah olduğunu düşünmeye ve bununla savaşmaya başlarsa zihninin cinselliği bir saplantıya dönüştürmesi kaçınılmazdır. Savaştığın düşünce senin davetini kabul eder; savaştığın şey her ne ise sana gelir. Savaştığın şeye davetiye çıkardığın gerçeği bir zihin yasasıdır. Kendinden uzaklaştırdığın şey, sırf sen uzaklaştırma çabasını gösterdiğin için sana gelir. Bu yüzden düşüncelerle savaşmamalı ya da onlara kucak açmamalısın. Onlara tutunmamalı ama kurtulmaya da çalışmamalısın. Onları sadece gözlemle. Bu müthiş bir cesaret gerektirir, çünkü kötü bir düşünce gelir ve sen onu uzaklaştırmak istersin. İyi bir düşünce gelir ve zihnin ona tutunmak ister. Zihnin bu tutunma ve uzaklaştırma eğilimi üzerinde farkındalık ve dikkatle meditasyon yapmayı hatırlarsan giderek kaybolur ve sen düşünceyi gözlemlemeye başlarsın. Düşünceyi gözlemleme becerisine sahip her insan, düşünceden kurtulma becerisine de sahip olur. Düşüncelerin akışını gözlemlemezsin. Durup içeride olup bitenleri izlemezsin. Belki de hayatında bir kez bile yarım saatini ayırıp içinde olup bitenleri gözlemlemedin. İçeride bir şeyler olur ve sen yaptığın şeyi yapmaya devam edersin; içeride bir şeyler olur ve sen çalışmaya devam edersin; içeride bir şey olur ve sen yemek yersin, alışverişe gidersin, yazmaya devam edersin, konuşmaya devam edersin; ben konuşup sen dinlerken de bir şeyler olur. O içeride sürekli devam eder. Kendi kendine devam eder. Yavaş yavaş içinde olup bitenleri umursamayı da bıraktın. Sen kendi işine bakıyorsun. Bu yüzden neredeyse uyku halindesin. İçeride zihin başka bir şey yapar, sen dışarıda bambaşka. Yoksun. Kendinle birlikte değilsin. Uyanık değilsin.

Bir keresinde biri Mahavira'ya sormuş: "Nasıl bir insan bilgedir?"

Mahavira yanıtlamış: "Uyanık insan bilgedir ve uyuyan insan bilge değildir." Bu eşsiz bir ifadedir, eşsiz. Uyuyan insan.

Hepimiz uyuyoruz. Hepimiz içimizde olup bitenlerden bihaberiz, uykudayız. İçselliğimiz bizim gerçek benliğimizdir ve bunun farkında değiliz. Dışarıda olup bitenlerden haberdarız. Dışarıda olup bitenlere karşı uyanığız; içeride olup bitenlerden habersiziz. Hayatın kederi budur; hayatın cehaleti budur; hayatın esareti budur.

İçeride olup bitenlere uyanmalıyız. Düşünce akışının farkında olan insan onu görür, anlar ve bir tanık olarak kalır; çok eşsiz bir deneyim yaşar. Bağlanmadan tanık olduğu tüm düşüncelerin kaybolduğunu görmeye başlar. Gözlemleme beceresine sahip olduğu tüm düşünceler gelme becerilerini yitirir ve geriye hiçbir düşüncenin kalmadığı bir an kalır. Geriye kalan zekâdır. Hiçbir düşüncenin olmadığı ama senin var olduğun bir an gelir. İçinde uyanan şey özgür zekâ, özgürleşmiş zekâdır. Hakikati bilme becerisine sahip olan da o özgür zekâdır. Zincirlenmiş bir zekâ, hakikati bilemez. Özgürlük ilk koşuldur. O özgürlüğü keskinleştirmen şart. Onu keskinleştirmeden, özgürlük anlamında hiçbir ilerleme kaydedemezsin. Ne kadar kitap okursan oku, ne kadar doktrin ezberlersen ezberle, sadece sözcükleri ezberlemiş olursun; o kadar. Beynini sözcükler işgal eder. Çok fazla sözcük ezberlemek, bir bilme işareti değildir. Deli insanlar sözcüklerle doludur, senden bile çok. Sözcükler bilgi işareti değildirler. Bilmen gereken bir diğer şey de zihnin sözcüklerle dolup taştığında delirmenin olası olduğudur. Sıradan bir insan ile deli bir insan arasında çok fark yoktur. Sıradan bir insanın daha az sözcüğü vardır, deli insanın ise daha çok.

Herkes deliliğin eşiğindedir. Biraz gayretle delirebilirsin. Eğer aklında sözcükler yüksek sesle haykırmaya başlarsa delirebilirsin. Şimdi psikologlar her üç insandan birinin delirmenin eşiğinde olduğunu söylüyorlar. Üçte bir! Bu da, burada olan tüm insanların üçte birinin deliliğin eşiğinde olduğu anlamına geliyor. Bu durumdaki kişinin sen değil de komşun olduğunu düşünme; bu da senin sorunlu olduğunun bir işaretidir. Eğer komşunun deli olduğunu düşünüyorsan başın belada demektir, çünkü hiçbir deli, deli olduğunu düşünmez. O hep diğerinin deli olduğunu düşünür. Deli bir insanın temel göstergelerinden biri, her zaman başkalarının deli olduğunu düşünmesidir. Deli bir insanı deli olduğuna ikna edemezsin. O kadarını anlarsa zaten deli olmadığını ispatlamış olur.

Neredeyse hepimiz o evreye yaklaşıyoruz. Günümüzde Amerika'da bir buçuk milyon insan her gün zihinsel durumlarıyla ilgili bir psikologla görüşüyor. Bunlar resmi rakamlardır. Bir diğer bir buçuk milyon özel doktorlara danışıyor. Dolayısıyla her gün üç milyon insanın psikologlara gittiğini söyleyebiliriz. Neden tavsiye arayışındalar? Çok fazla düşünceleri var ve yavaş yavaş düşünceler öyle baskın bir hal alıyor ki kendi üzerlerindeki kontrollerini kaybediyorlar. Ne yapacaklarını bilmiyorlar; düşünceleri öyle yoğun bir şekilde ilerliyor ki yaşamları üzerindeki kontrollerini kaybediyorlar.

Bunu sen de düşünmeli ve kendin için doğru değerlendirmelisin. Düşüncelerin egemen mi? On dakika otur ve aklına gelen her şeyi dürüst bir şekilde yaz. Hiçbir şeyi dışarıda bırakma. Ne gelirse gelsin; eksik bir düşünce gelirse eksik haliyle yaz; tam bir düşünce gelirse tam haliyle yaz. On dakika boyunca aklına gelen her şeyi yaz ve sonra bir başkasına göster. "Bunu hangi deli yazdı?" diye soracak sana. Kime gösterirsen göster, "Bunu yazan deli kim?" diyecekler. Hatta sen bile bunları bir delinin yazdığını anlayacaksın. İçinden geçen her şeyi kâğıda döksen ve yazdıklarını on dakika incelesen sen bile nasıl bir deli olduğunu merak eder, içinde neler olup bittiğinden endişe edersin.

Biz asla durup içimizde olup bitenlere bakmayız ve bir de büyük düşünürler olduğumuzu sanırız. Tüm deliler böyle düşünür. Düşünmenin üst sınırlarına ulaşıp deliren insanları gayet iyi biliyorsun. Son elli yıldır, Avrupa'daki neredeyse tüm büyük düşünürler delirdiler. Çoğu hayatının bir bölümünü bir akıl hastanesinde geçirdi. Görünüşe bakılırsa delirmeyen bir düşünür büyük bir düşünür olamıyor. Bir zaman gelecek ve akıl hastanesinde yatmayan bir düşünürün büyük bir düşünür olmadığını düşüneceğiz. Bu da doğrudur. Düşünmenin nihai sonucu deliliktir. Ben bu yüzden Buda ve Mahavira'ya düşünür demem. Onlar düşünür değiller. Onlar aydınlanmış benliklerdir.

Bir düşünür ile aydınlanmış bir benlik arasındaki fark

cennet ile cehennem kadardır. Onlar bilirler, düşünmezler. Sadece bilmeyen bir insan düşüncelerle boğuşur.

Ben şimdi burada oturuyorum ve toplantı sona erdiğinde, hepimiz ayağa kalkıp şu kapıdan çıkacağız. Kimse kapının nerede olduğunu düşünmeyecek, çünkü kapıyı görebiliyoruz. Eğer burada kör bir adam oturuyor olsaydı toplantı sona erdiğinde nereden çıkacağını düşünüyor olacaktı. "Kapı nerede? Duvar nerede?" diye düşünecekti. Görebilen insan düşünmez. Sadece göremeyen insan düşünür. Düşünmek bir cehalet göstergesidir; bilgi göstergesi değil. Ne kadar çok düşünürsen o kadar cahil olduğunu unutma. Bildiğin zaman düşünceler kaybolur ve benliğine boşluk çöker.

Düşünceleri gözlemlemen ve onların hiçliğe, boşluğa dönüşmelerine izin vermen gerektiğini söyledim. Sen farkına vardığın anda düşünceler kaybolacak. Düşünceler tanık olma haliyle kaybolacaklar; düşünceler kaybolduğunda, zekân özgür kalır. Ve özgür bir zekâ hakikatle karşılaştığında, kutsal kitapları veya doktrinleri dert etmez. Özgür bir zekâ kıyıyı kenarda bırakır ve sonsuz denize girer.

Küçük bir hikâye anlatacak ve konuşmamı bitireceğim.

Bir akşam bir grup arkadaş eğlenmek için dışarı çıkmışlar. Çok güzel bir dolunay gecesiymiş ve herkes çok içki içmiş. Güzel bir gece olduğundan, göle gidip sandalla açılmaya karar vermişler. Bir sandala oturmuşlar, küreklere asılıp çekmeye başlamışlar. Gecenin son saatlerine kadar kürek çekmişler. Gün doğarken hava serinlemeye başlamış, ay neredeyse kaybolmuş ve yavaş yavaş ayılmaya başlamışlar. İçlerinden biri, "Arkadaşlar, çok açılmış olmalıyız. Bütün gece kürek çektik. Artık dönme vakti geldi," demiş.

"Eve döndüğümüzde öğlen olacak. Kıyıdan çok uzaklaşmışız," diye düşünmüşler. "Bakalım ne kadar açılmışız."

Gördükleri şey karşısında donup kalmışlar. Hiçbir yere gitmemişler. Sandal olduğu yerde duruyormuş. Sandalın halatlarını çözmeyi unuttukları için hâlâ aynı yerdelermiş. Zincirler hâlâ sandalın üzerindeymiş. Çok şaşırmışlar; saatlerce kürek çekmiş, ama hiçbir yere gitmemişler.

"Bütün gece kürek çekerek enerjimizi boşa harcadık. Hâlâ aynı yerdeyiz," demişler.

Düşüncelerini ve zekâsını özgürleştirmek isteyen insan hiç şüphesiz inanç kıyılarındaki halatları çözmek zorundadır. Bir inanca bağlı olan insan, hakikatler dünyasında yol alamayacağını anlamalıdır. O hiçbir yere gidemez. Hayatının sonuna geldiğinde, başladığı noktada durduğunu fark eder; ailesinin ona inanç dayattığı aynı yerde duruyordur. Yolculuk boşa geçmiştir; boşuna kürek çekmiştir. Ölüm ânında o hâlâ ailesinin ve toplumun ona dayattığı düşünce ve inançların etkisi altındadır. Böyle bir insanın yaşamı büyük bir talihsizliktir. Tüm hayatını ziyan etmiştir. Halatları çözmeyi unutmuştur.

Kıyıdaki halatlarını çözmeyi unutma. Toplumun ya da diğer insanların sana verdiği zincirlerden kurtul. Zekânın özgürleşmesine izin ver. Sadece özgür bir zekâ uçup tanrısallığa erişmene izin verir; kısıtlayıcı düşünce ve inançlar, kutsallığa giden yolda engeldir. Hepimiz zincirlerle bağlıyız. Tüm dünya zincirlerle bağlı. O zincirlerle bağlı olduğumuz için tanrısallığı deneyimleyemeyiz. Cesur ol ve o zincirlerden kurtul. Bak bakalım sandalın nereye gidecek.

Konuşmamı, Ramakrişna'dan bir alıntıyla bitireceğim.

Ramakrişna der ki: "Tekneni serbest bırak, yelkenleri aç;

varoluşun rüzgârları seni enginliklere götürmek için hazır bekler."

Teknelerini serbest bırakıp yelkenlerini açanlar kutsanmış insanlardır. Teknelerini bir şeylere bağlı tutan ve çaba gösterip sonunda başarısız olanlar talihsiz insanlardır.

Son olarak varoluşun sana inanç kıyısından uzaklaşman için gereken gücü ve cesareti vermesini diliyorum. Ancak bu şekilde sonsuz bilgi denizine açılabilirsin. Varoluş, cesaret gösteren insanların yanındadır. Zayıf olup yolculuğa çıkmayan insanlar için varoluş ne yapsın?

Bugün için bu kadar yeter. Lütfen teşekkürlerimi kabul edin. Beni böyle sevgiyle dinlediğiniz için minnettarım. Lütfen hürmetlerimi içinizdeki tanrısallığa kabul et.

BÖLÜM 2

Zihnin Sadeliği

Dün akşam size özgürlük hakkında birkaç şey anlattım. Hakikat arayışındaki bir insan için ilk koşulun bilincinin özgür olması olduğunu söyledim: Zihinsel esaret veya kölelik yoktur, zihni peşin bir hükme veya düşünceye bağlı değildir, kısıtlanmamıştır ve zihninin kısıtlayıcı bir sınırı yoktur. Kuşkusuz özgür olmayan bir insan hakikate erişemez. Zihinsel esaretin kökleri derinlerdedir. Siyasi, toplumsal ya da ekonomik bir esaretten söz etmiyorum; benim kastettiğim psikolojik esarettir. Psikolojik anlamda köle olan bir insan dilediğine erişebilir belki, ama yaşamın mutluluğunu, kutsanmışlığını ve ışığını deneyimleyemez. Dün söylediğim buydu.

Dolayısıyla ilk temel önkoşul bilinç özgürlüğüdür.

Bu sabah bir diğer önkoşuldan söz edeceğim: zihnin sadeliği. İlk önkoşul bilinç özgürlüğüdür, ikinciyse zihnin sadeliği.

Zihinlerimiz karmaşıksa, zihinlerimiz çatışmalarla doluysa

hakikati bilme becerisinden yoksunuzdur. Zihinlerimiz kesinlikle basit değildir; çok karmaşık, çok kaotik, çok dolambaçlı, çatışma ve paradokslarla doludurlar. Ve bizi engelleyen de bu karmaşık zihinlerdir.

İçeride karmaşık olan –düşünce ve çatışmalarla boğuşan– bir insanın gözlerini başka bir gerçekliğe açabilmesi mümkün mü? İçsel sorunlarıyla mücadele eden, içsel çatışmaları olan bir insanın kendini hakikate taşıması mümkün mü? Kendiyle kavga eden ve içten içe bölünmüş bir insan bölünmezi bilebilir mi?

Hepimiz paramparçayız. Sayısız içsel parçaya ayrıldık ve bu parçaların her biri birbirleriyle savaş halindedir.

Bir hikâye duymuştum...

İsa bir köye gitmiş ve genç bir adam da onunla görüşmeye gelmiş. İsa genç adama sormuş: "Adın ne? Seninle herhangi bir konuda konuşmadan önce adını bilmek isterim." Genç adam yanıtlamış: "Adım Legion. Binlerce adım var, sana hangi adımı söylemeliyim?"

İsa, "En azından kendinle ilgili doğruyu söyledin," demiş. "Diğerleri bir isim söyleyip geçiyorlar, ama onların binlerce kişiliği var."

Herkesin içinde bir sürü insan vardır – sen bir korkaksın. İçinde tek bir birey yok. Sen bir birey değilsin; içinde dev bir kalabalık var. Mahavira insanın polipsişik olduğunu söylerdi. Genel anlamda baktığında tek bir zihnimiz var. Mahavira ise bizim polipsişik olduğumuzu söylerdi. Modern araştırmalar da polipsişik olduğumuzu söylüyor. İçimizde aynı anda bir sürü zihin var. Düşünürsen sen de fark edeceksin. Öfkeyle dolduğundaki zihnin, daha sonra pişmanlık duyduğundaki zihninle aynı mı? Pişmanlık duyan zihin tamamen farklıdır. Öfkeyi dışavuran zihin farklı bir zihindir. Pişman olmaya devam edersin, ama öfke duymaya da devam edersin. Pişman olan zihnin sesi, asla öfke duyan zihne ulaşmaz. Ulaşsa öfke biterdi.

Sen aynı hatayı binlerce kez yaparsın. Hata yaptıktan sonra pişman olursun, mutsuz olursun ve bir daha asla öfkelenmeyeceğine söz verirsin. Eğer sen tek bir birey olsaydın, içinde tek bir zihin olsaydı kararın nihai olurdu. Ama içinde bir sürü zihin var. Karar veren zihin, harekete geçen zihinden farklıdır. Tüm kararların sadece karar olarak kalır ve hayat eskisi gibi devam eder. Gece uykuya dalmadan önce sabah dörtte uyanmaya karar verirsin. Sabah dörtte uyanmayı aklına koyarsın. Ama saat dört olduğunda, içinden bir ses yataktan çıkmamanı söyler –"Ne anlamı var? Hava çok soğuk!"– ve sen tekrar uykuya dalarsın. Sabah uyandığında pişman olursun ve "Bu nasıl oldu? Sabah dörtte kalkmaya karar vermiştim ve kalkmadım. Yarın kesinlikle kalkacağım," dersin. Ertesi gün, bir kez daha içinden bir sesin, "Bu kadar erken kalkmanın ne anlamı var? Hava çok soğuk, uyumaya devam et," dediğini duyarsın. Bu, o kararı veren zihinle aynı zihin midir? Yoksa başka bir zihin midir?

Zihninin bir sürü parçası vardır. Zihin paramparçadır; sayısız parçası vardır. Bu parçalar yüzünden içinde çatışmalar doğar. Zihni entegre olmayan insanın karmaşık olması kaçınılmazdır. Dahası, karmaşalar çoğalır, çünkü her zihin bir diğerine karşıdır. Bir düşün. Tüm karmaşayı kendin yarattın. Eğitim ve koşullanma zihnini parçalara ayırdı. Bölünmezliği yok oldu. Zihnin bütün değil. Sen sırf tek bir ismin var, tek bir etiketin var diye tek bir insan olduğunu söylüyorsun; herkes senin tek bir kişi olduğunu biliyor. Derinlere inersen orada bir sürü insan göreceksin. İçinde bir sürü ses duyacaksın; senden farklı sesler, sana muhalif sesler. Hiç bunu düşündün mü?

İnsan defalarca, "Kendime rağmen yaptım," der. Kendine rağmen? Bir insan öfkeyle cinayet işler ve daha sonra, "Onu kendime rağmen öldürdüm," der. Bu nasıl bir çılgınlıktır? İçinde sana muhalif bir birey olmasa nasıl kendine rağmen cinayet işleyebilirsin ki?

"Öfkelendiğimde kendimi kaybediyorum," cümlesini kurmuşsundur. "Cinsel arzulara kapıldığımda kendimden geçiyorum, bana ne oldu, bilmiyorum." Öfkelendiğin zaman, huzurluyken olduğun insan mısın? Sevdiğin zaman, nefret ettiğinde olduğun insan mısın? Hayır, değilsin. Yüzün değişir, içinde bir şeyler değişir. İçin parçalarla dolu, bir sürü zihnin var. Belirli bir anda belirli bir parça seni ele geçirir ve sen bir şey yaparsın. O parça gittikten sonra tıpkı bir arabanın dönen tekerleği gibi – bir tel yukarı gelir, bir tel aşağı. Teller pozisyon değiştirmeyi sürdürürler. Zihnin değişir. İçinde bir sürü zihin vardır. Bir zihin üste çıkar ve diğer zihin aşağı iner. Bu da karmaşa yaratır.

Yalnızca tek bir zihni olan insan sade olabilir. Birden fazla zihni olan insanın karmaşık olması kaçınılmazdır. Ve bu zihinlerin her biri, bir diğerinden habersizdir. Kişi bunu bilir, çünkü tüm kararları yarım kalır. Kararın uygulanacağı zaman kararı veren zihin orada değildir.

Defalarca gerçeği söylemeye karar vermişsindir ve o an geldiğinde kendini yalan söylerken bulursun. Defalarca herkesi sevmeye karar vermişsindir ve o an geldiğinde içinin nefretle dolduğunu fark edersin. Defalarca herkesle dost olmaya karar vermişsindir, ama bir bakarsın, bir sürü düşmanın olmuş. Karar veren sen olduğuna göre bu tezat nereden gelir? Bu tezat halihazırda içindedir. Saygı duyduğun insana, zihninde saygısızlık barındırırsın. Aynı anda içinde tezat da vardır.

Sevgililerin sürekli kavga ettiklerini görürsün. Birbirlerini severler, ama aynı zamanda kavga ederler; birbirlerinden nefret de ederler. Bunu arkadaşlarda ve öğrencilerde de görürsün. Zihnin bir tarafının yaptığı şeye diğer taraf muhalif olur. Bu yüzden sevgi bir süre sonra nefrete dönüşür.

Yakın zamanda Delhi'de bu konudan bahsediyordum. Biri sevdiğimiz insanı sevdiğimizi, ondan nefret etmediğimizi söyledi. "Nasıl böyle bir şey dersin?" diye sordu.

"Diyelim eşini seviyorsun ve yarın onun bir başkasını sevdiğini öğrendin. O zaman ne olacak?" diye sordum ve devam ettim: "O an sevgin nefrete dönüşecek. Sevgi nefrete dönüşebilir mi? Bu mümkün değil. İşin aslı, nefret senin içinde. Sevgi yüzeyde ve nefret daha derinlerde. Sevgi için sebep kalmadığında sevgi gider ve nefret yüzeye çıkar."

Rabia isimli mistik bir kadın varmış. Eşsiz bir kadın. Kutsal kitapta "Şeytan'dan nefret et" cümlesini okumuş ve o cümleyi silmiş. Hassan o günlerde gezgin bir mistikmiş ve bir keresinde Rabia'nın evinde misafir olmuş. Sabah erken saatlerde kutsal kitabı okumak istemiş. Rabia da ona vermiş ve Hassan bir cümlenin silinmiş olduğunu fark etmiş.

Kutsal bir kitapta değişiklik yapmak mı? Kutsal bir cümleyi silmek mi! "Kutsal kitapta değişiklik yapan bu aptal da kim?" diye sormuş Rabia'ya.

Rabia yanıtlamış: "Ben yapmak zorunda kaldım."

"Neden? Niye yaptın? Kutsal kitaba saygısızlık etmişsin."

Rabia yanıtlamış: "Çok büyük bir sorunum vardı. Bu kitapta, 'Şeytan'dan nefret et' yazıyordu. İçime döndüm, derinlere indim ama nefret bulamadım. Şeytan karşıma çıksa ondan nasıl nefret edeyim? Neticede birinden nefret etmek için içinde nefret duygusu olmalı. Yoksa nereden gelecek? Kovanı içinde su olmayan bir kuyuya daldırırsan su nereden gelir? Kuyuda su varsa gelir."

Rabia devam etmiş: "Benim içimde nefret yok, sadece sevgi var. İster Tanrı olsun ister Şeytan; ikisi de gelip karşımda dursa çaresiz kalırım. Ben sadece sevebilirim. İkisine de eşit miktarda sevgi veririm. İçimde nefret yok. Çok aradım, ama içimde nefrete rastlamadım."

Sen sevginde arasan nefret de bulursun. O hemen sevginin arkasındadır; sevginin gölgesi gibidir. Arkadaşın olan bir insana zihninde nefret de duyarsın. Saygı duyduğun insana, içinde saygısızlık da barındırırsın. Övdüğün insanı eleştirme eğilimi övgünün hemen arkasındadır. Eğer bu tezat eğilimler her daim mevcutsa zihnin nasıl sade olabilir? Ve sade olmayan bir zihin hakikati nasıl bilebilir?

Sadelik şarttır. Sadelik, tanrısallığa ulaşmak için en temel koşuldur. Karmaşık olan zihinlerimizi anlamak için gereklidir. Zihinlerimizin muhalif parçalarını, onların karmaşıklığını, neden bölündüklerini ve neden bir sürü parçaya ayrıldıklarını anlamak için gereklidir. Bölünmez olmazsak ne dualarımız ne meditasyonlarımız ne yaptığımız yoga ne de ibadetlerimiz bir işe yarar; her şey anlamsız kalır. Herhangi bir tapınağa gidebiliriz, belki camiye gider ve herhangi bir tanrının önünde eğiliriz; hiçbir anlamı olmaz. Bölünmez olmadan anlam da olmaz. Bir tapınaktaki bir heykelin önünde eğildiğimizde, güvenle birlikte güvensizlik de vardır; saygıyla beraber saygısızlık da vardır; inançla beraber kuşku da vardır.

Eskiden köyümü ziyaret ederdim. Yaşlı bir öğretmenim hâlâ orada yaşıyordu; sık sık onu görmeye giderdim. Son gittiğimde köyde bir hafta geçirdim ve her gün ona da uğradım. Oraya sabah erken saatlerde gidiyordum. Bir gün bana haber yollayıp gelmememi söyledi. Oğluna neden bu mesajı gönderdiğini sordum. "Babam sana bir de bu mektubu vermemi söyledi," diye yanıtladı.

Mektupta şöyle yazmıştı: "Ziyarete gelmen beni çok mutlu ediyor. Sen evime geldiğimde hissettiğim sevinci anlatmama imkân yok. Ama gelmeni istemiyorum, çünkü dün ibadet etmek için oturduğumda aklıma söylediklerin geldi. Bu ibadet çok çocukça değil miydi? Önümde duran taş heykel, bir taş parçasından ibaret değil miydi? Otuz-kırk yıldır ibadet ediyorum ve şimdi kuşku duymaya başladım. O yüzden sana yalvarırım, lütfen bir daha evime gelme."

Ona, artık gelsem de gelmesem de olması gereken şeyin olduğunu yazdım. Ona bir şekilde zihnindeki bu kuşkuyu yaratan kişinin ben olmadığımı anlatmak istedim. O son kırk yıldır sürekli ibadet ediyordu, ama kuşku her zaman oradaydı. Kuşkunun inançla silindiği olmuş mudur? İnancı dışarıdan dayatırsın; kuşku hep derinlerdedir. Nefretin sevgiyle yok olduğu olmuş mudur? Yüzün sevgi doludur, ama nefret içindedir. Saygı göstererek içinde duyduğun hürmetsizliği yok edebilir misin? Dışarıdan saygılı davranırsın, ama saygısızlık içindedir. Giderek daha karmaşık bir hal alırsın.

Bu yüzden ardında kuşku barındıran her türlü inançtan kurtulmanı söylerim. Kuşkular kaybolduğunda, geriye kalan şey güvendir. İçinde nefreti gizleyen sevgi benim için anlamsızdır. Nefret kaybolduğunda, geriye kalan sevgidir. Düşmanlık olasılığı olan bir arkadaşlığın hiçbir anlamı yoktur. Düşmanlık kaybolduğunda, geriye arkadaşlık kalır. Aynı şekilde, ardında mutsuzluk barındıran mutluluğun bir değeri yoktur. Istırabın sona erdiği gün, geriye kalan hazdır. Biz tezatlarla doluyuz. Zihni tezatlarla dolu olan insan karmaşıktır. Zihni tezatlarla dolu olan insan her zaman ikili ve çatışma içinde olacaktır.

Çatışma içinde olan bir zihnin bilme kapasitesini yitirdiğini anlaman çok önemli. Eğer bir insan her zaman çatışma içindeyse onun bilinci, farkındalığı giderek körelir. Sürekli savaşan bir insan, bu aralıksız çatışma yüzünden duyarsızlaşır. Hassasiyeti azalır. Sürekli çatışma halinde olan bir insan yavaş yavaş körelir. Zekâsı gelişmez; giderek zayıflar. Bu yüzden yaşlı insanların beyinleri, keskinleşecekleri yerde bir çocuğunkinden daha zayıf bir evreye gelir. Bir beden yaşlanabilir, ama çatışma içinde değilse bir zihnin yaşlanması için hiçbir sebep yoktur. Eğer bir zihin çatışma içinde değilse, karmaşık değilse, bölünmüş ve parçalanmış değilse, tezatlarla dolu değilse o zihnin yaşlanması için hiçbir sebep yoktur. Bir zihin aralıksız çatışmalar, bitmeyen kavgalar, her zaman süregelen çelişkiler yüzünden yaşlanır. Her zaman çatışma halinde olan bir insanın becerilerinin ve duyarlılığının bozulması normaldir.

Zihnin yaşlanması için hiçbir sebep olmasa da zihin de yaşlanır. Bu içinde bulunduğumuz çatışma, bu mücadele, zihnin bu bölünmüşlüğü, hepsi bizim yüzümüzden. Zihni parçalara ayıran biziz. Kendi cehaletimiz yüzünden zihni parçalara ayırıyoruz. Zihni nasıl parçaladığımızı anlamaya çalışmalıyız; sadeliğin ne olduğunu ve zihin sadeliğine nasıl erişebileceğimizi ancak o zaman anlayabiliriz.

Konunun derinine inmeden önce genel anlamda birinin çok sade olduğunu söyleriz ya da sade olması gerektiği söylenir ya, işte benim bahsettiğim sadelik o sadelik değil. Bize her zaman sade olmamız söylenir. Ben bu tip bir sadelikten bahsetmiyorum. Bu sadeliğin ardında her zaman karmaşıklık saklıdır. Bir insan sadeymiş gibi davranabilir. Pek çok şekilde sade olduğunu gösterecek hareketler sergileyebilir. Moda kıyafetler giymez, kaba kumaştan dikilmiş kıyafetler giyer. O zaman onun çok sade bir adam olduğunu söyleriz. Hatta işi bir adım ileri götürür ve peştamal giyer. Onun çok sade olduğunu söyleriz. İşi bir adım daha ileri götürüp çıplak gezebilir. Ne sade bir adam deriz. Bu sadelik değildir. Günde iki öğün yemek yerine bir insan günde tek bir öğünle beslenebilir. Çok sade bir adam deriz; günde bir öğün yiyor. Et yemiyorsa, vejetaryense ne sade bir adam deriz. Ya da sigara içmiyor, içki içmiyor, iskambil oynamıyorsa sade bir adam deriz.

Kimse bu kadar kolay sade olamaz. Sadeliğin altında yatan bu değildir. Aksine, bu tip insanlar çok karmaşıktırlar. Bu tip insanlar dışarıdan bakıldığında sade görünürler, ama içsel karmaşıklıkları olduğu gibi durmaktadır. O karmaşa gitmez.

Bir keresinde trenle seyahat ediyorum ve aynı kompartımanda bir de rahip vardı. Koca kompartımanda iki yolcuyduk. İstasyonda bir sürü insan onu yolcu etmeye gelmişti. Belli ki büyük bir cemaati vardı. Üzerinde, belinden bir iple tutturulmuş tek parça bir kumaş vardı. Büyük bir çarşaf gibi, bir de ip. Valizi küçük bir sepetti ve sepetin içinde iki veya üç kumaş parçasıyla iki veya üç adet ip vardı. Tek valizi buydu.

Arkadaşları istasyondan ayrıldıktan sonra sepetini kucağına aldı ve içindeki kumaş parçalarını saymaya başladı. Kompartımanda ikimiz yalnızdık. Ben onu sessizce izliyordum. Parçaları tekrar saydı ve sayının değişmediğini görünce rahatladı. Sonra hepsini tekrar sepete koydu. Yatağa uzandı.

Bana trenin ineceği istasyona saat kaçta varacağını sordu. Saat altıda varacağını ve rahatça uyuyabileceğini, çünkü bizim kompartımanın o istasyonda trenden ayrılacağını söyledim. Endişelenmesine gerek yoktu, rahat bir uyku çekebilirdi.

Ardından gece yarısı yataktan kalktı ve bir başkasına trenin o istasyona kaçta varacağını sordu. Tren bir başka istasyonda durmuştu ve rahip bir başkasına onun istasyonunu geçip geçmediğimizi sordu. Ona, "Bak, istasyonu kaçırmana imkân yok. Bu kompartıman o istasyonda ayrılacak. Endişelenme; sen uyumana bak. Neden bu kadar endişeleniyorsun?" dedim. Dışarıdan bakıldığında tek bir parça kumaş giymişti ama içi gereksiz kaygı ve endişeyle doluydu.

Sabah uyandığımda, üzerindeki kumaşı çekiştirip düzeltmeye çalıştığını gördüm. Bir şekilde rahat edemiyordu. Sonra kumaşı üzerinden çıkardı ve başka bir şekilde bağladı. Aynı eylemi üç kez tekrarladı. Ama içi yine rahat etmedi. Ayağa kalktı ve nerede hata yaptığını görmek için aynanın karşısına geçti.

Ben buna nasıl sadelik derim? Bu karmaşadır. Bu adam, pahalı giysiler giyen bir adamdan bile daha karmaşıktı. Dışarıdan görünen sahte sadeliğin hiçbir anlamı yoktur. Bu sadelik değildir. Sadelik bambaşka bir şeydir. Bu, evine yapma çiçekler koyan birine benzer. Yapma çiçek ile gerçek çiçek arasında büyük fark vardır. Sadelik kazanılmaz; dışarıdan dayatılmaz. Zihnin kendisi bölünmez ise sadelik kendiliğinden yayılmaya başlar. O zaman bir insanın ne giydiğinin, ne yediğinin, nasıl oturduğunun veya yürüdüğünün hiçbir önemi yoktur. Her şey başlı başına sadeleşir. Eğer zihin entegreyse sadelik yaşamın dış katmanına kendiliğinden girer. Eğer zihin parçalara bölünmüşse insan kendine dışarıdan ne kadar sadelik dayatırsa dayatsın, bu sadelik olmaz. Dışarıdan işlenmiş olur ve hiçbir değeri olmaz. O dışarıdan işlenmiştir. Dışarıdan işlenen sadeliğin herhangi bir değeri olabilir mi? Bu tip bir sadelik dışarıdan alınmıştır, kendiliğinden olmaz.

Kabir der ki: "Siz arayış içinde olanlar, kendiliğinden aydınlanma doğru olandır. Doğal bir şekilde doğan ve doğal bir şekilde gelişen en iyisidir. Doğal olmayan, dayatılan ve oynanan gereksizdir."

Bir keresinde bir köye gitmiştim. Rahip bir arkadaşım vardı. Çıplak rahip olmaya hazırlanıyordu. Onun kulübesine yaklaştığımda, içeride çırılçıplak dolaştığını gördüm. Onu pencereden görebiliyordum. Kapıyı çaldım ve açtığında, bir çarşafa sarınmış olduğunu fark ettim. "Pencereden gördüğümde çıplak dolaşıyordun. Şimdi niye örtündün?" diye sordum. "Çıplaklık alıştırması yapıyordum. Er ya da geç çıplak bir rahip olmam gerek, bu yüzden alıştırma yapıyorum. Önce tek başıma alıştırma yapıyorum. Sonra arkadaşlarımın arasında deneyeceğim. Sonra evin bahçesine çıkacağım, sonra köye. Ve en son kasabaya ineceğim. Bu şekilde yavaş yavaş alışacağım."

"Bir sirke katılsan daha iyi edersin. Rahip olmana gerek yok. Sen en iyisi bir sirke katıl," dedim.

Bu yüzden sana alıştırmayla, denemeyle işlenen çıplaklığın, Mahavira'nın yaşadığı çıplaklık olamayacağını söylüyorum. Onun çıplaklığı alıştırmayla gelmedi; onunkinin kaynağı masumiyetti. Onun çıplaklığı denenmemişti. Bilinci öyle sade ve masum bir noktaya erdi ki kıyafetler anlamını yitirdi. Mahavira soyunmadı, çıplaklık doğal bir şekilde geldi. Böyle bir çıplaklık anlamlıdır. Kıyafetlerden vazgeçip denemeyle erişilen çıplaklık, bir sirkte çalışan herhangi biri tarafından yapılabilir. Bu hiç zor değildir, ama mesele bu da değil.

Örneğin, bir insanın ilahi güçle dolup yemek yemeyi

unutması anlaşılabilir bir durumdur; gün geçer ve kişi kendiliğinden oruç tutar. Bir insanın bütün bir gününü çaba ve alıştırmayla aç kalarak geçirmesini anlayamam.

Oruç tutmak demek kutsal güce yakın olmak, ona yaklaşmak, onunla bir olmak demektir. Bir insanın bilincinin varoluşla bir olmasını ve o kişinin yemek yemeyi unutmasını anlarım, o zaman oruç kendiliğinden gelir. Diğer örnekte ise bilinçli olarak uygulanan oruç kesinlikle anlamsızdır; hiçbir değeri yoktur.

Bilinçli olarak yapılan her şey anlamsızdır. Sadece kendiliğinden olan şey anlamlıdır. Bilinçli yapılan şeyin hiçbir anlamı yoktur. Hayatta önemli olan ne varsa kendiliğinden olur; yapılmaz. Eğer ben seni bilinçli bir şekilde seversem bu gerçek sevgi olur mu? Uygulanan sevgi nasıl gerçek olabilir? Uygulanan sevgi sahtedir, ikiyüzlülüktür. Yükselen bir sevgi, benim içimde kabaran bir sevgi, kapalı kapıların açılmasıyla içeriden taşmaya başlayan sevgi gerçektir. Eğer ben çaba gösterirsem, seni sevmek için uğraşırsam bu sevginin herhangi bir değeri olur mu? Aynı şekilde, çaba gösterilen sadelik de değersizdir.

Dört bir yanımızda sadeliği uygulamaya çalışan insanlar görürüz. Rahip dediğimiz insanlar sadeliği uygularlar; çaba gösterirler. Her küçük şey için bir kuralları ve bir yapıları vardır – ne zaman uyanacaklar, ne zaman uyuyacaklar, ne yiyecek ve ne giyecekler. Bir rahip her şeyin hesabını tutmak zorundadır. Bir sürü planlama yapar. Mühendis olsaydı daha iyiydi; bir şirketin müdürü olsaydı daha iyiydi; bir yerlerde bir makine kullansaydı daha iyiydi –beyni makine kullanmak konusunda yeterlilik gösterebilirdi– ama kalkıp rahip olmuş. Gerçek bir rahibin yaşamı doğaldır. Gerçek bir rahibin yaşamı uygulamalı değildir, kendiliğinden gelişir. İçinde olup biten her şey kendiliğinden olur.

Japonya'da bir imparator varmış. Bakanlarına, bir rahiple tanışmak istediğini söylemiş. Başbakanı, "Rahip mi? Bu ülkenin her köşesi rahip dolu. Nereye gitseniz bir rahiple tanışırsınız," demiş.

Japonya'da sürüyle rahip vardır – Budist ülkeler rahiplerle dolup taşar. Kamboçya'da ülke nüfusu altı milyondur ve altı yüz bin rahip vardır. Japonya'da da durum böyledir; bir sürü rahip vardır. Sri Lanka'da da durum aynı.

Bakanları imparatora, "Burada rahip bulmak zor değil. Dilerseniz size bir rahipler ordusu getirebiliriz," demişler.

"Hayır," demiş imparator, "ben bir rahiple yüz yüze gelmek istiyorum."

"Bir rahiple yüz yüze gelmek mi?" diye sormuş bakanlar. "Yola çıksanız bir sürü rahip bulursunuz."

"Eğer onlar rahip olsalardı sizden yardım istemezdim. Benim için onların hepsi aktör. Özel bir cüppe giyince, saçlarını özel bir şekilde tıraş edince, omzuna belirli bir tipte çanta takınca rahip olunur mu? Hepsi bana çocukça görünüyor. Onlar yetenekli aktörler sadece. Aktör deseniz anlarım, nasıl rahip bunlar?"

Gidip rahipleri görmelisin. Birinin alnında özel bir işaret vardır; bir diğeri belirli kıyafetler giyer; bir başkasının başka bir özel dokunuşu vardır. Ve onların müritleri de aynı şeyi yaparlar. Bunlar çocukça, toy hareketlerdir. Aklı başında ve düşünceli bir insan böyle bir şey yapar mı?

Bir keresinde bir *sannyasin* Gandhi'ye gitmiş ve ona insanlara bir şekilde hizmet etmek istediğini söylemiş. Gandhi adamı baştan aşağı süzmüş ve "İnsanlara hizmet etmeden önce bu safran rengi cüppeden vazgeçmelisin," demiş.

"Neden?" diye sormuş *sannyasin*. "Safran rengi cüppe nasıl engel olabilir ki?"

Gandhi yanıtlamış: "Cüppe giyiyor olman, insanların senin bir *sannyasin* olduğunu düşünmelerini istediğini gösteriyor. Aksi takdirde bu cüppeyi giymenin bir anlamı yok. Sen bir *sannyasin*'sin, ne giysen yine *sannyasin* olursun. Ama başka kıyafet giysen insanlar senin *sannyasin* olduğunu düşünmezler. Sadece bu cüppeyle anlaşılır. Sen insanların bir *sannyasin* olduğunu bilmelerini istiyorsun ve insanların böyle düşünmesini isteyen bir insan *sannyasin* değildir. *Sannyasin* insanların ne düşündüğünü önemser mi?"

İmparator tekrarlamış: "Ben bir rahiple tanışmak istiyorum."

Bakanlar böyle bir rahibin gerçekten var olup olmadığını araştırmaya koyulmuşlar. Büyük uğraşlardan sonra böyle bir adamın gerçekten de var olduğunu ve köyün dışındaki bir kulübede yaşadığını öğrenmişler. Bazı insanlar onun rahip olduğunu söylemişler.

İmparator oraya gitmiş. Sabahın erken saatleriymiş. Rahibin çok erken uyanması gerektiğini düşünerek erkenden gitmiş. Saat sabah yedi-yedi buçuk civarıymış. Güneş doğmuş, ama rahip derin bir uykudaymış. Bir Buda heykeli varmış ve rahip ayaklarını heykele dayamış, uyuyormuş.

İmparator sormuş: "Bu nasıl rahip? Ayaklarını Buda heykeline dayamış, üstelik bu saatlere kadar uyuyor!"

İmparatoru oraya getiren insanlar, "Bir karara varmakta bu kadar aceleci olmayın. Bir rahibi tanımak kolay değildir," demişler.

Biz karar verme konusunda öyle hızlıyız ki çoğu sahte rahip

bize rahip gibi görünür. Her insan saat dörtte uyanabilir; bunu yapmak zor mu? Herkes bir Buda heykelinin önünde ellerini birleştirip oturabilir; sana zor gelir mi?

"Hemen karar vermeyin. Bu adam özel bir adamdır. Ayaklarını Buda heykeline yaslayan bir insan sıradan bir insan değildir. Sadece gerçek bir rahip bunu yapabilir, başka kimse yapamaz. Biraz daha bekleyin, acele karar vermeyin."

Rahip saat sekiz gibi uyanmış. Gözlerini açar açmaz imparator ona sormuş: "Neden bu kadar geç uyandın? Bir rahip sabah erkenden uyanmalıdır."

Rahip yanıtlamış: "Evet, genelde sabahın en hayırlı saatlerinde uyanırım. Ne zaman uyansam benim için o saat günün en hayırlı saatidir. Varoluş beni uyandırdığı zaman uyanırım; varoluş beni uyuttuğu zaman uyurum. Ne uyanacağım zamana ben karar veririm ne de yatacağım zamana. Rahip olduğum gün kendimi varoluşun ellerine teslim ettim. O gün kendimi varoluşa bıraktım ve şimdi ne olursa olur. Güneşin altında oturduğumda ve hava çok sıcak olduğunda, varoluş şimdi gölgeye git der ve ben gölgeye giderim. Gölge serinlediğinde ve varoluş şimdi güneşe çık dediğinde, güneşe çıkarım. Kendimi varoluşun ellerine bıraktım. Artık ben sadece nefes alıyorum, ben ben değilim. Neticede uyku bitip de gözlerim açıldığında kalkarım; acıktığımı hissettiğimde yemek dilenirim."

İmparator, "Çok şaşırdım," demiş. "Herhangi bir kuralın veya disiplinin yok mu? Hiç mi?"

Rahip yanıtlamış: "Var olan ne ise o. Ne kuralım var ne disiplinim. Kendini varoluşun ellerine bırakan insan için ne kural vardır ne de disiplin."

Tüm kural ve disiplinler egodan gelir. Tüm kural sistemleri ve yöntemler egodan gelir. İnsanlar hayata bir şey dayatmak isterler ve tüm kurallar bundan doğar. Hayata bir şey dayatmak isteyen insan, hayattan özel bir şey bekleyen insan, bu şöyle olmalı ve bu böyle olmamalı diyen, bir şeyi lanetleyip diğerini kabul eden insan sade olamaz. Sadelik, gerçek bir rahip için ilk temel koşuldur. Hakikate erişmenin temel koşulu sadeliktir.

Rahip der ki, havadaki nem gibi olup rüzgârın onu götürdüğü yere giden insan, rüzgârın onu düşürdüğü yere düşen ve rüzgâr istediğinde tekrar havalanan yaprak gibi olan insan... Sadece kuru bir yaprak gibi olan insan sade olabilir, diğer herkes karmaşıktır. Denizin üzerinde süzülen bir parça tahta gibi olan, dalgaların onu götürdüğü yere giden ve rüzgârların onu bıraktığı yere inen insan, ne yapılması ve ne yapılmaması gerektiğine dair kendine ait yapılandırılmış bir arzusu olmayan insan, hayata hiçbir şey dayatmayan insan – ancak böyle bir insan sade olabilir. Günün yirmi dört saatini kurallar ve düzenlemelerle geçiren bir insan nasıl sade olabilir? Kendisini her daim özel bir şekle sokmaya çalışan bir insan nasıl sade olabilir? Kendisini işlemek için çaba gösteren bir insan sade olamaz. Tanrısallığa erişmeye çalışan ve rahip olmak için çaba sarf eden, kendisini onurlu olmaya zorlayan, her zaman huzurlu, hakikatli, sakin olmaya çalışan bir insan – tüm bu çabayı gösteren bir insan nasıl sade olabilir? Böyle bir insan sade olamaz. Kendisini bir ideal uğruna feda eden bir insan asla sade olamaz ve her insan kendini o veya bu ideal uğruna feda eder.

Mahavira iki bin beş yüz yıl önce yaşadı. İsa iki bin yıl önce yaşadı. Buda iki bin beş yüz yıl önce yaşadı ve Rama onlardan çok daha önce yaşadı. Krişna da çok önce yaşadı. Yine de biz onların ideallerine tutunuruz. Buda'nın müritleri son iki bin beş yüz yıldır Buda gibi olmak için uğraşıyorlar. Herhangi biri Buda olabildi mi? İki bin beş yüz yıldır kimse Buda'yı taklit etmede başarılı olamadı. Herhangi biri İsa olabildi mi? İki bin yıllık tecrübe bunun aksini gösteriyor. Buna rağmen milyonlarca insan hâlâ İsa olmaya uğraşıyor; milyonlarca insan Buda olmaya uğraşıyor ve milyonlarca insan Mahavira olmaya uğraşıyor. Bunun temelinde bir hata olmalı. Bir başkası gibi olmaya çalışan bir insan karmaşık insandır. Doğal olarak karmaşık olmak zorundadır. Kendi benliğini inkâr etmeye ve kendisine başkasını dayatmaya başlar. Kendi gerçekliğini reddetmeye ve başka bir insanın ideallerini üstlenmeye başlar. Karmaşık bir yapıya bürünür. Onun zihni paramparçadır; içsel anlamda darmadağın olur. Çatışma içinde doğar. En büyük sorun şu ki Mahavira olmak için sade olmak şarttır; Buda olmak için sade olmak şarttır; İsa olmak için sade olmak şarttır – ve taklit ettikleri için onların izinden gitmeye çalışanlar karmaşıktır.

Duruma bak. Kimse bir başkasını taklit ederek sade olamaz. Bir başkasını taklit etmek demek, olduğun insanı, kim olduğunu anlamadan bir başkası gibi olmaya çalıştığın anlamına gelir. Sen daha kim olduğunu anlamadan başka biri gibi olmaya çalışırsın. Gerçekte kim olduğunu bir kenara bırakır ve başka bir insanın örtüsüne bürünmeye başlarsın. Kendini rol yapmaya, ikiyüzlü olmaya zorlarsın.

Sözüm ona dindar bir ülke ikiyüzlülükle doludur, tıpkı bizim ülkemiz gibi. Bizimkinden daha sahtekâr bir ülke bulmak zordur. Bizimkinden daha karmaşık bir ülke, daha karmaşık bir ırk, daha karmaşık bir öğreti bulmak zordur. Diğer hiçbir ırk, bizim içimizde sahip olduğumuz kadar sahte olmadı. Bunun tek sebebi, kim olduğumuzu anlamadan, hepimizin çılgınca bir başkasını, bir başka ideali izleme yarışına girmiş olmamızdır. Oysa hayattaki her gerçek devrim, gerçekte kim olduğumuzu anlayarak başlar. Tam olarak kim olduğumuzu anlayarak başlar. Biri öfkelidir, diğeri çok açgözlüdür, bir başkası çok küstahtır. Küstah bir insan mütevazı olmaya çalışırsa ne olur? Bir insan egoistse ve aldığı eğitim, kültür ve din adamları ona egosundan vazgeçip huzurlu olmasını söylerse ve o da egosundan vazgeçmeye çalışırsa ne yapar? Egodan vazgeçebilir mi? Egosunu bırakabilir mi? Egoyu kim bırakacak? Egoyu bırakmaya çalışan insan egonun ta kendisidir. Egodan vazgeçtiğini hissettiğinde, "Egodan vazgeçtim; mütevazı oldum. Mütevazı olduğumu hissediyorum, içimde küstahlıktan eser yok," der. Peki, bu ne? Bu küstahlığın ta kendisidir. Bir ego, egodan vazgeçebilir mi? O vazgeçişte ego daha da güçlenir, daha sinsileşir. Bu yüzden bir *sannyasin*'in egosu, sıradan bir insanın egosundan daha sinsidir. Öyle olmak zorundadır. Sıradan insanlar birbirlerine karışırlar. *Sannyasin*'ler asla birbirlerine karışmazlar. Eğer sen bir *sannyasin*'e bir başka *sannyasin*'le kaynaşmasını söylesen yapamaz.

Ben bir keresinde meşhur bir rahibe, gidip belirli bir rahiple tanışması gerektiğini söyledim. O bana bunun biraz zor olacağını söyledi. Neden? Sorun şuydu: İki rahip karşılaştığında, ilk kim başını eğip selam verecekti? Kim nereye oturacaktı? Kim daha yükseğe oturacaktı, kim daha alçak yere?

Bir keresinde de dini bir festivale katıldım. Çeşitli inançlara mensup otuz veya kırk rahip davetliydi. Festivali organize eden kişi, tüm davetlilerin aynı platformda oturmasını istiyordu, ama rahipler oturamazdı, çünkü biri *shankaracharya* idi, Hinduların başrahibi. O bir tahtta oturmak istedi ve oturabileceği tek yer o platformdu.

Ve bir *shankaracharya* tahta oturduğunda, diğer rahiplerin onun ayaklarının seviyesine oturmayı kabul etmeleri mümkün mü? Bu sefer onlar da tahtta oturmak istediler. Sonra da kimin tahtının daha yüksek, kiminkinin daha alçak olacağı endişesi başladı.

Sence bu insanlar aziz miydi, yoksa deli mi? Bu tevazu mudur, yoksa egonun zirvesi mi? Bu, rafine olmuş egodur. Sözüm ona kutsal insanlar birbirleriyle kavga ederler ve sıradan insanların da birbirleriyle kavga etmesini sağlarlar. Egonun olduğu her yerde çatışma ve kavga vardır.

Bu küstahlıktır. Ego asla egodan vazgeçemez. Ego, egodan vazgeçmeye kalktığında, "Mütevazı olmalıyım" diye düşünen egonun kendisidir. Peki ne yapar? Mütevazıymış gibi davranır. Egoist bir insan seni gördüğünde başını eğer ve sana kendisinin bir hiç olduğunu söyler. O bir hiç olduğunu söylerken içten içe bir şey olduğunu bilir. O bir hiç olduğunu söylerken... sadece içten içe bir şey olduğunu bilen bir insan bir hiç olduğunu söyler. Aksi takdirde söylemez. Açgözlü bir insan açgözlülüğü nasıl bırakır? Açgözlülüğü bırakırsa bunun tek sebebi açgözlü olmasıdır.

Bir keresinde bir rahibin bir topluluğa şöyle dediğini duydum: "Açgözlülüğü bırakırsanız huzura erersiniz; açgözlülüğü bırakırsanız iyi bir şey yapmış olursunuz; açgözlülüğü bırakırsanız *moksha*'ya, özgürlüğe erişirsiniz."

Rahibe, sadece açgözlü bir insanın onunla hemfikir olabileceğini, çünkü yalnızca *moksha* konusunda açgözlü olan bir insanın açgözlülüğü bırakmayı düşünebileceğini söyledim. Huzur konusunda açgözlü olan bir insan açgözlülüğü bırakmayı düşündüğünde, bu açgözlülüğün bir işlevi, onun bir uzantısıdır. Açgözlü bir insan nasıl açgözlülüğü bırakabilir?

Aslına bakarsan kötü olan hiçbir şeyden vazgeçilmez. Karanlık gibidir bu; karanlığı bırakamazsın. Eğer bu bina karanlıkla doluysa karanlığı iterek yok edemezsin. Karanlığı itmeye çalışan birine ne deriz? Deli deriz. Beyni doğru çalışmıyordur. Herhangi biri karanlığı itebilir mi? Evet, insan bir lamba yakabilir. Işık olduğunda, karanlığın kendiliğinden kaybolur; hiçbir yerde bulunmaz. Aynı şekilde, ego da bırakılmaz. Sadelik geldiğinde, ego kendiliğinden kaybolur. Açgözlülük bırakılmaz. Huzur geldiğinde, açgözlülük kendiliğinden kaybolur. Hayatta kötü olan hiçbir şey bırakılmaz. İyilik uyandığında, kutsal güç uyandığında, kötülük kendiliğinden gider. Eğer egoyu bırakmak için uğraşırsak hayat karmaşık olur – ve hepimiz egoyu bırakmak için uğraşıyoruz. İçlerindeki şiddeti bırakmak zorunda olduklarını söyleyen insanlarla tanışıyorum. "Şiddeti nasıl bırakacaksınız?" diye soruyorum. Evet, sevgi uyandırılabilir, ama şiddet bırakılmaz. İnsanlar sahte olmayı bırakmak zorunda olduklarını söylerler. Gerçeklik uyandırılabilir, ama sahte olmak bırakılmaz. Bırakma, vazgeçme dilini kullandığımızda, çelişkiler başlar, çatışmalar başlar.

Zihinlerimiz sayısız çatışmayla doludur. Bir şeyleri bırakmak isteriz. Ama bırakmak hayatın doğasında yoktur; hayatın ilkesi olan erişmektir. Eğer daha yüce bir şeye erişirsek daha alt seviyede olan kendiliğinden gider. Üstün olana erişirsen aşağılık olan kaybolur. Üstün olana erişirsen aşağılık olan ona yer açar. Aydınlık gelirse karanlık gider.

Ancak karanlık kendiliğinden gidemez. Aydınlığın gelişi birincil koşuldur ve alt seviyedekinin yok olması ikincildir. Karmaşıklığın yok olmasına sebep olan gerçek sadeliğin varışı, gelişi dayatılamaz. İçeriden uyandırılmalıdır. Onu içeriden uyandıran ilke nedir? İlke, önce kendini tüm ideallerden kurtarmaktır. İdealler seni karmaşıklaştırır.

Kendini bir şeye dönüştürmeden önce ne olduğunu bilmeye çalışmalısın. Sen kim gibi olman gerektiğini soruyorsun. Ben bunun anlamsız olduğunu söylüyorum: Sen ne gibi olduğunu bilmelisin. Ne gibi olduğunu bilmenin gerekli olması mantıklıdır. Eğer kendin hakkındaki tüm gerçekliği bilirsen bu bilgiyle dönüşüm başlar. Eğer bir insan öfkesini tam anlamıyla bilirse öfke kaybolur. Öfkenin kaybolması için başka bir şey yapman gerekmez, öfkeyi bilmen yeterlidir. Ama sen öfkeni hiç bilmedin. "Defalarca öfkelendim," diyorsun. Ben de sana diyorum ki tüm ülkeyi dolaştım ve hâlâ kendi öfkesini bilen bir insan arıyorum. Sen öfkeni hiç bilmedin. Öfkelendiğin zaman sen yoksun. Bilincin yok, sen kendinde değilsin. İnsan kendinde olsa öfkeli olabilir mi?

Kendindeysen öfke imkânsızdır. Eğer mevcudiyetin bütünüyle o andaysa, eğer uyanıksan ve öfkeli olma eğiliminin olduğunu biliyorsan öfkelenmen imkânsızdır. Öfke boşaltılmaz. Farkında olduğun her an, yanlış olan şey imkânsızlaşır. Kötülüğün olması için senin bilinçsiz olman gerekir. Eğer kötülük yapmak isteyen bir insan alkollüyse ve kendinden geçmişse kötülük yapmak daha kolaydır, çünkü sarhoşlukta farkındalık silinir. Tüm dinlerin alkole karşı olmasının tek bir sebebi vardır. Yoksa alkolün hiçbir sakıncası yoktur. Alkol içmenin ne sakıncası var? Hiçbir sakıncası yok. Sarhoş olduğundaki tek sorun, farkındalığının kaybolmasıdır; daha bilinçsiz olursun. Tüm günahlar bilinçsizlikten gelir. Ne kadar bilinçsiz olursan o kadar çok günah işlersin.

Öfkelendiğin zaman bilinçsiz olursun. İhtiraslı olduğunda bilinçsiz olursun. Kendinde olmazsın. Kendin olmazsın. Seni bir şey çeker ve sen kendinde olmazsın; nereye gittiğini bilmezsin. Öfkeli bir insanı izlemen yeterli. İhtirasına yenilmiş bir insanı izle. Yüzüne bak, duygularını gözlemle. Bedenine bak. Bilinçsiz olduğunu göreceksin. Öfkelendiğin zaman, zihin seviyesinde bilinçsiz olmakla kalmazsın, aynı zamanda beden seviyesinde de bilinçsiz olursun. Bilim insanları, bezlerinin zehir salgılamaya başladığını söylerler ve bu zehrin etkisi altında neredeyse sarhoşluk evresindesindir. Neredeyse bir sarhoşluk evresine ulaşırsın. Hem beden hem de zihin seviyesinde bilinçsizsindir.

Buda'nın bir öğrencisi varmış. Buda'nın *sannyas* adını verdiği arayışçılar yoluna yeni dahil olmuş. Buda'ya sormuş: "Bugün sadaka dilenmek için nereye gideceğim?"

Buda yanıtlamış: "Benim bir öğrencim var; ona gidebilirsin."

Rahip oraya gitmiş. Yemeğini almak için oturduğunda, ona sunulan yemeğin tam da o kadının evine gelirken hayal ettiği gibi olduğunu görünce şaşkına dönmüş. Bu yemeği her zaman çok severmiş ve yürürken ona sevdiği yemeği kimin verebileceğini düşünüyormuş: "Bugün bana en sevdiğim yemeği kim verecek?" Rahip olmadan önce bir prensmiş ve istediği yemeği yemeye alışkınmış. Yine de bu ev sahibinin evinde aynı yemeği görünce şaşırmış. O gün aynı yemeğin pişmiş olmasının bir tesadüf olduğunu düşünmüş. Yerken düşünmüş: "Her gün yemek yedikten sonra dinlenirdim. Bugün bir dilenciyim ve yemekten sonra gitmem gerek. Kızgın güneşin altında üç veya dört kilometre yürümek zorunda kalacağım."

O yemek yerken kadın da onu yelpazeliyormuş ve sonra ona, "Kardeşim, yemeğini yedikten sonra evimde dinlenirsen onur duyarım," demiş.

Rahip yine çok şaşırmış ve düşünmüş: "Bir şekilde düşüncelerim ona ulaşıyor olabilir mi?" Ve sonra yine düşünmüş: "Tam da aklımdan geçtiği sırada bu teklifi yapmış olması bir tesadüf olmalı."

Önüne bir şilte serilmiş ve rahip uzanmış. Uzandığında aklına gelmiş: "Bugün kendime ait ne bir yatağım var ne de kulübem. Hiçbir şeyim yok."

Tam da o sırada odadan çıkmakta olan kadın aniden durmuş ve dönmüş. "Kardeşim," demiş, "bu yatak ne senin ne benim. Bu ev de kimseye ait değil. Lütfen üzülme."

Artık rahibin tüm bunların bir tesadüf olduğuna inanması imkânsızmış. Hemen doğrulmuş ve sormuş: "Çok şaşkınım; hislerimi seziyor musun?"

Kadın gülmeye başlamış. "Bir süre meditasyon yaptıktan sonra zihin sakinleşir. Sonra diğer insanların duygularını bir parça sezebilirsin."

Rahip hemen ayağa kalkmış. Çok mahcup olmuş ve titremeye başlamış. "Neden utandınız? Neden titriyorsunuz? Lütfen dinlenin. Uzanın şöyle," demiş kadın.

"Lütfen gitmeme izin verin," demiş rahip. Gözlerini yere eğmiş ve bir hırsız gibi koşmuş.

"Ne oldu? Neden rahatsız oldunuz?" diye seslenmiş kadın.

Rahip arkasına bile bakmamış. Hemen Buda'ya gitmiş ve "Bir daha asla oraya gidemem," demiş.

Buda, "Ne oldu? Yemek mi kötüydü?" diye sormuş. "Sana saygı göstermedi mi? Yanlış bir şey mi yaptı?"

"Yemek en sevdiğimdi," diye yanıtlamış rahip. "Müthiş bir saygıyla karşılandım. Ama oraya bir daha gidemem. Lütfen bir daha gitmemi istemeyin."

"Neden bu kadar utandın? Neden bu kadar rahatsız oldun?" diye sormuş Buda.

"O kadın başkalarının düşüncelerini okuyor. Yemeğimi alırken o güzel kadını gördüğüm anda zihnimde bedensel düşünceler belirdi. O düşünceleri de sezmiş olmalı. Ben bu yüzle nasıl onun evine giderim? Gözlerimi yere eğdim ve kaçtım. O bana kardeşim diye hitap etti. Bana hürmet gösterdi. Bense köklerime kadar ürperdim. Zihnimden geçenleri sezmiş olmalı. Yine de bana kardeşim diye hitap etti ve bana hürmet etti. Lütfen beni bağışlayın; oraya gidemem," demiş rahip.

"Seni bilerek oraya gönderdim," demiş Buda. "Bu meditasyonunun bir parçası. Oraya gitmek zorundasın. Oraya her gün gideceksin. Bana gelip her gün sorunsuz bir şekilde gidebileceğini söyleyene kadar gitmelisin. O zamana kadar, her gün oraya gideceksin. Bu meditasyonunun bir parçası."

"Oraya nasıl giderim? Hangi yüzle giderim? Zihnimden tekrar aynı düşünceler geçerse ne yapacağım?" diye sormuş rahip.

Buda şöyle yanıtlamış: "Tek bir şey yap, küçük bir deney. Başka hiçbir şey yapmana gerek yok. Zihninden geçen her bir düşünceyi gözlemle ve düşüncelerini izlemeyi sürdür. Eğer bedensel düşünceler geçerse onları da izle. Duygular yükselirse, arzular yükselirse, öfke yükselirse, her ne gelirse gelsin izle ve başka bir şey yapma. Farkında ol. Nasıl biri karanlık bir evde bir mum yaptığında evdeki her şey aydınlanır ve görünür, bilincini de uyanık tut ki içinde ne olursa olsun gözlemlenebilsin. Her şey mutlak bir netlikle gözlemlenebilsin. Oraya bu tutumla git."

Rahip gitmiş. Gitmek zorundaymış. Korkuyormuş; kim bilir neler olacakmış? Ama korkusuzca dönmüş, dans ederek dönmüş. Korkuyla gitmiş, dansla dönmüş. Başı önde gitmiş, ama gökyüzüne bakarak dönmüş. Döndüğünde neredeyse uçuyormuş. Buda'nın ayaklarına kapanmış ve "Teşekkür ederim!" demiş. "Ne oldu? Farkında olduğumda, sessizliği fark ettim. Evinin merdivenlerini tırmanırken nefes alıp verişimi bile hissediyordum. Kalp atışlarımı duyuyordum. İçimde öyle bir sessizlik vardı ki. Bir düşünce yükseldiğinde onu gözlemledim. Evin merdivenlerini mutlak bir huzur içinde çıktım. Merdivenleri çıkarken yere sağ ayağımı koyduğumu, ardından sol ayağımı bastığımı biliyordum. Eve girdiğimde ve yemek için oturduğumda, hayatımda ilk kez ağzıma attığım her lokmanın farkına vardım. Elimin titreşimlerini bile hissediyordum. Nefesimin dokunuşunu ve deneyimini hissettim. İçinde hiçbir şey olmaması beni hayrete düşürdü. Sadece mutlak bir sessizlik vardı; hiçbir düşünce, hiçbir duygu yoktu."

Buda yanıtlamış: "İnsan içinde olup bitenlerin tamamen farkında olduğunda, tamamen uyanık ve bilinçli olduğunda, tüm rahatsız edici etkenler kaybolur. Lamba yandığında, hırsız eve gelmez. Hırsızlar ışığı yanan bir eve girmezler. Aynı şekilde, bir zihin farkındalıkla, ışıkla aydınlandığında rahatsız edici etkenler gelmezler. Zihin boşalır."

Sana söylüyorum, sen asla öfkeyi gözlemlemedin, çünkü öfkeyi gözlemlemiş olsaydın öfke kaybolurdu. Sen asla cinselliği gözlemlemedin; izlemiş olsaydın kaybolurdu. Zihin seviyesinde görünen şey kaybolur.

Bütünlüğü içinde görünen her şey kaybolur. Geriye kalan sadece sevgidir, gerçek masumiyettir; öfkesizlik, huzur, sükûnet ve merhamettir. Bu bizim kendi doğamızdır. Başka bir yerden getirilmesine gerek kalmaz. Sadece onun üzerini örten dış unsurlar kaybolur. İçimizde olan ortaya çıkar.

Tanrısallık bizim özdoğamızdır. Bu özdoğada, merhamet kendiliğindendir, sevgi kendiliğindendir, masumiyet kendiliğindendir, şefkat ve sükûnet ve hakikatlilik ve bağımsızlık kendiliğindendir. Yabancı unsurlar kaybolduğunda o kendiliğindenlik ortaya çıkar. Bu yüzden aydınlanmanın kendiliğinden ve sade olduğunu söylerim. Kabir'in sözü, "Siz arayış içinde olanlar, kendiliğinden aydınlanma doğru olandır," kendiliğinden, doğal bir şekilde izleyen kişinin aydınlanmaya eriştiği anlamına gelir. Rahatsızlık veren unsurlar kaybolur ve hakikat içinden yükselir. Bu bir başkasını izleyerek olmaz, içe dönerek, kendi benliğine dönerek olur. Bir başkasını izleyerek olmaz, kendi düşünce kalıplarını izleyerek olur. Mahavira ve Buda'yı takip etmek zorunda değilsin, öfkenin ve cinselliğinin her hareketini gözlemlemelisin, onların farkına varmalı, onları tanımalısın. Herhangi bir ideal yaratmana gerek yok. Üstün güç senin içinde. Herhangi bir şey olmana gerek yok; eğer kim olduğunu bilebilirsen her şey mümkündür.

Bir şey olmaya çalıştığımızda karmaşıklık, düğümler ve çatışmalar doğar. Bir şey olmaya çalışma; olanı bilmeye koyul. Endişelenmene gerek yok. Öfkeden korkma; cinsellikten korkma; kıskançlıktan korkma; nefretten korkma; bağlılıktan korkma; açgözlülükten korkma. Korkmana gerek yok; bunların içine gir. Onlara farkındalık kat. Onları bil, onları farkındalıkla tanı. Onları gözlemle. İçlerine gir. Açgözlülüğüne giren insan açgözlülüğünü yitirir. Öfkesine giren insan öfkesizliğe erişir. Cinselliğine giren insan masumiyete ulaşır. Sadece korkularımız ve kaygılarımız yüzünden dışarıda kalır ve onlara asla girmeyiz. Asla onları bilmek istemeyiz. Onlara girerek en derin köklerine ulaşmak için çaba göstermeyiz. Korkudan hep dışarıda kalırız.

Kötü insanlar kendilerini kötü şeyler yaparak yok ederler. İyi insanlar kendilerini kötü şeyler yapma korkusuyla yok ederler.

Bir hikâye duymuştum...

Yaşlı bir adam bir kasabanın dışında oturuyormuş. Bir mistikmiş ve kasabanın dışında yaşıyormuş. Gece dev ve vahşi görünümlü bir gölgenin kasabaya girdiğini görmüş. Bu sadece bir gölgeymiş ve vahşi görünümlüymüş. "Sen kimsin? Bu kimin gölgesi ve nereye gidiyor?" diye sormuş.

Bir ses duymuş: "Ben bir salgınım ve kasabadaki bin kötü insanı öldürmeye geldim."

"Sadece kötü insanları mı?" diye sormuş yaşlı adam.

"Sadece kötü insanları," diye yanıtlamış ses ve devam etmiş: "Kasabada üç gün kalacağım ve bin kötü insanı yok edeceğim."

O üç gün boyunca o kasabada binlerce insan ölmüş. Aralarında sadece kötüler değil, iyiler, rahipler ve soylu insanlar da varmış. Yaşlı mistik, onu neden kandırdığını sormak için kasabanın dışında gölgeyi beklemiş.

Üçüncü gün gölge geri döndüğünde, yaşlı adam, "Dur!" demiş. "Beni neden kandırdığını, neden bana yalan söylediğini anlat. Bana sadece bin kötü insanı öldüreceğini söylemiştin. Bu üç gün boyunca binlerce insan öldü ve aralarında iyi ve düzgün insanlar da vardı."

Salgın yanıtlamış: "Ben yalnızca bin kötü insanı öldürdüm; geri kalan iyi insanlar korkularından öldüler. Ben onları öldürmedim; ben sadece bin adet kötü insanı öldürdüm, diğerleri korkudan öldü. Ben bin insandan sorumluyum; diğerleri kendiliğinden öldü."

Bu tamamen hayali bir hikâye olsa da doğrudur. Kötü insanlar öfkeden ölürler, iyi insanlar öfke korkusundan ölürler. Bir de üçüncü bir yol vardır; bu, ne öfkeli olma meselesidir ne de öfkeyle savaşma. Bu, öfkeyi bilme meselesidir. Öfkeli olma, öfkenin seni yönlendirmesine izin verme meselesi değildir. Bu, öfke korkusundan öfkesizliğin baskın gelmesi için çaba gösterme meselesi de değildir. Mesele öfkeyi bilmek ve böylece onu bitirmektir. Öfkeyi bildiğinde, öfke kaybolur. Bildiğinde, karmaşıklıklar kaybolur. Bilmekten daha büyük bir devrim yoktur. Buraya gelirken yolda biri sordu: "İçsel bilgiye sahipsek ne yapmalıyız? Bilgiye sahip olduğumuzda davranışımız nasıl olur? Bilgiye erişirsek bunu gündelik hayatımıza nasıl uygularız?" Sorunun kendisi yanlış bir kere. Soru yanlış. Bu soru şuna benziyor: "Işık olduğunda karanlıkla ne yapmalıyız?" Sanki, "Işık yandı, ama karanlığı ne yapacağız?" der gibi. Ne söylerdin ona?

"Işığın anlamını anlamadığın anlamına gelir," derdik. Işığı yakmak demek, artık karanlık yok demektir. İçsel bilgiye sahip olmak artık cehalet yok demektir. Cehalet bittiğinde, cehaletten doğan davranış da biter. Nasıl bitmesin? İçsel cehalet kötü davranışları getirir; içsel bilgi iyi davranışları getirir. Bilginin davranışına dahil edilmesi gerekmez. Tıpkı cehalet olduğunda kötü davranışların kendiliğinden gelmesi gibi.

Öfkeyi sen yaratabilir misin? Hiç öfke yarattın mı? Öfke geldiğinde fark edersin. Öfkeyi senin getirdiğin oldu mu hiç? Nefreti getirdiğin oldu mu? Sen her zaman nefret geldiğinde fark edersin. "Geldi" de ne demek? Geldiyse içsel cehalet var demektir ve ardından yanlış davranış gelir. Aynı şekilde, içsel bilgi varsa doğru davranış onu izler. İyiliğin işlenmesi gerekmez. İçsel bilgi varsa sevgi tıpkı nefretin şimdi geldiği gibi gelir, merhamet tıpkı acımasızlığın şimdi geldiği gibi gelir; sükûnet tıpkı şiddetin şimdi geldiği gibi gelir.

İçsel cehalet yanlış davranışı doğurur. İçsel bilgi doğru davranışı doğurur. Doğru davranış dayatılamaz; doğar, akar ve içsel bilgi sayesinde benliğe ulaşır. Hayattaki her şey akar. Hiçbir şey yaratılmaz. Sana hayatta sadelik olması, karmaşa olmaması gerektiğini söyledim. Bunu, hayatına sadelik katman gerekiyor gibi algılama. Bu, karmaşıklığını bilmen ve onun içine girmen gerektiği anlamına gelir. Karmaşıklığa girmenin yolu, karmaşıklığın ve zihnin tüm hareketlerinin farkında olmaktır. Dün sana düşüncelerinin tanığı olmanı ve özgürlüğün geleceğini söyledim. Duygularının tanığı olursan sadelik gelecektir. Düşünceyi bilmeye başlayan insan düşünceden yoksun olur. Duyguları bilmeye başlayan insan duygulardan yoksun olur. Düşünceyi bilmek düşünceden özgür olmaktır; duyguları bilmek duygulardan özgür olmaktır.

Duygularımız karmaşık olduğunda hakikati bilemeyiz. Düşünceler karmaşıksa hakikati bilemeyiz. Düşünceler sadeyse, duygular sadeyse gözlerimizi açan bir içsel hazırlık süreci yaşanır, böylece hakikati biliriz. Bu yüzden ikinci adımdan söz ettim: zihnin sadeliği.

Yarın üçüncü adımdan söz edeceğim: zihnin boşluğu. Yalnızca üç adım vardır: bilinç özgürlüğü, zihnin sadeliği ve zihnin boşluğu. Özgürlüğü, sadeliği ve boşluğu gerçekleştiren insan aydınlanmaya erişir. Beni böyle sevgiyle dinlediğiniz için minnettarım. Lütfen hürmetlerimi içinizdeki tanrısallığa kabul edin.

BÖLÜM 3

Gerçek Yanıt İçsel Algındır

İlk soru:

Osho,
Eğer dini kitaplar riyakârsa Veda ve Upanishad kitaplarına ne demeli? Onların doğruluğuna inanmalı mıyız?

Sen asla kitaplarda yazanı okumazsın. Sadece okuyabildiğini okursun, metinlerde yazanı değil. Bunu anlaman gerekir.

Gita veya *Upanishad* veya *İncil*'i veya başka bir kitabı okuduğunda, bu kitapları okuyan tüm insanların aynı şeyi anladığını mı sanıyorsun? Kuşkusuz bir kitabı okuyan insan sayısı kadar anlam vardır. Senin anladığın şey kitapta değildir; senin anladığın kendi anlayışından gelir. Bu doğaldır. Sen sadece kendi anlayış seviyende, koşullanma ve eğitim seviyende anlayabilirsin.

Gita'yı okuduğunda, Krişna'nın ifadelerini anladığını düşünmemelisin. Sen sadece kendi ifadelerini anlarsın. Kitapta bir nebze hakikat olsa da hakikate kitabı okuyarak erişemezsin. Lütfen bunu doğru anla. Kitap bazı hakikatler içerebilir, ama hakikat, metnin anlaşılmasıyla bilinmez. Evet, eğer hakikate erişilmişse kitap da anlaşılabilir. Neden mi? Krişna'nın o ifadeleri yazarken içinde bulunduğu aynı bilinç evresine ulaşana dek onun ifadelerini anlayamazsın. Anladığın her şey sadece kendi anlayışındır. Bu yüzden kitaplar konusunda bu kadar tartışma vardır. *Gita* üzerine binlerce yorum bulabilirsin. Ya Krişna deliydi ve aynı anda binlerce anlam ifade etti ya da tek bir şeye dokundu. Binlerce yorumunun bulunması demek binlerce anlam içermesi demektir. Tüm bu yorumlar elbette Krişna'nın *Gita*'sıyla ilgili değildir. Bunlar yazarların zekâ seviyeleriyle ilgili bilgi verirler. Onlar, yazarların kendi düşüncelerinin yansımalarıdır. Krişna'nın *Gita*'sında binlerce anlam olamaz. Gerçek şu ki *Gita*'yı okuyan insan sayısı kadar anlam vardır. *Gita*'dan çıkardığın anlamın *Gita*'nın anlamı olduğu yanılgısına düşme; o senin kendi çıkardığın anlamdır.

Bir metin okuduğunda hakikate erişmezsin, sadece halihazırda bildiğin anlamı çıkarırsın ve bu hakikat değildir. Eğer bir insan hakikati biliyorsa kitabı anlayabilir, ama kitabı anlayarak hakikati bilemezsin. Her ne kadar tüm dini kitaplar aynı hakikati işaret ediyor olsa da onların müritlerinin birbirleriyle savaşıyor olmasının, müminleri arasında muhalefet olmasının sebebi budur. Bu dünyada hakikat adı altında bir sürü mezhep vardır. Hakikat tek, mezhepler bir sürüdür. Bu bile, mezhepleri yaratının hakikat değil de biz insanlar olduğunu göstermiyor mu? Dünyada düşünme eylemi arttıkça insan sayısı kadar mezhep olacaktır. Düşünme eylemi, her bireyin kendi fikrini doğurur.

Hakikate dini kitaplar okuyarak erişilemeyeceğini söylerken ne demek istediğimi anlamalısın. Sen sadece bilinç seviyen kadar anlayabilirsin, bundan fazlasını değil. Bir kitabı okuyarak sadece kendi anlamına erişirsin, kitabın anlamını bilmezsin. Metinde hakikat olabilir, ama sen metni okuyarak hakikate erişemezsin.

Bu yüzden çalışmanın, hakikati bilmenin yolu olmadığını söylerim; yol meditasyondur. Bir şeyler okumak ve zihninde biriktirmek hakikat değildir. Aksine, tüm düşüncelerden kurtularak hiçlik evresine ulaştığın zaman –bilinçte hiçbir düşünce kalmadığında– o sessizlik evresinde algıladığın şey hakikattir. Hakikati bir kez deneyimlediğinde, dini kitapların hiçbir amacı kalmaz. Kitapların söylediği şeyi sen kendin bilirsin.

Şimdi anlatmaya çalıştığım şeyin daha net olduğunu düşünüyorum. Ben burada konuşuyorum; burada tek bir konuşmacı var ve o da benim. Söylediğim sözlerde tek bir amaç ve tek bir anlam var. Peki sen, dinleyici olarak tam da söylenen şeyi dinlediğini mi düşünüyorsun? Eğer sen tam olarak söylenen şeyi dinliyorsan ve ben sana ne söylediğimi sorarsam sence sen diğer herkesle aynı yanıtı mı verirsin? Bir sürü farklı yanıt gelir. Bu da hepinizin söylediğim şeyi aynı duymadığınızı gösterir. Hepiniz başka şey duyarsınız. Hepinizin farklı şeyler duyması kaçınılmazdır, çünkü düşünceleriniz ve koşullanmalarınız öyle farklıdır ki benim sözlerim size ulaştığında tamamen farklı bir anlama sahiptir. Sen bana farklı bir anlam yanısıtırsın.

Aynı şekilde Krişna'dan, *Upanishad*'dan, İsa'dan çıkardığın anlam da farklıdır. Sen kendi anlamını yansıtır ve onların onu söylediğini söylersin. Asla illüzyona kapılma. Ne söylersen söyle, yalnızca sen söylersin; sözlerine bir başkasının adını yükleme. Eğer sen hakikati bilecek bir pozisyondaysan dini kitapları okumana gerek yoktur. Eğer hakikati bilecek bir pozisyonda değilsen dini kitapları okuyarak hiçbir şey elde edemezsin. Bu yüzden bir insanın hayatı boyunca dini kitaplar okumaya devam edebileceğini söylerim; hiçbir şey olmaz. Evet, bir sürü düşünce biriktirir ve eğer vaaz vermek isterse vaaz da verir. Vaaz verdiğinde egosu tatmin olur; dünyada vaaz vermek kadar egoyu tatmin eden tek bir şey daha yoktur. Bir insanın başkalarına vaaz vererek aldığı keyif ve haz başka hiçbir şeyde yoktur.

Dini kitapları okuduktan sonra vaaz verirsin. Dini kitapları okuduktan sonra dilersen başka kitaplar üretir, başka kitaplar yazabilirsin. Bu mümkündür, ama asla hakikatle yüz yüze gelemezsin. Hakikatin ortaya çıkması için bir düşünce koleksiyonuna ihtiyacın yoktur, tüm düşüncelerden kurtulman, kendini düşüncelerden arındırman gerekir. Hakikat senin içindedir. Hakikat dört bir yanındadır, ama sen onu görecek gözlerden yoksunsun.

Buda'nın hayatında bir olaydan bahsedilir...

Buda bir keresinde bir köye gitmiş ve köylüler ona kör bir adam getirmişler. "Bu adam bizim dostumuz ve göremiyor. Ona ışığın var olduğunu, güneşin olduğunu anlatmaya çalıştık, ama inanmıyor. İnanmayı reddediyor. Kabul etmiyor. Kabul etmemekle kalmıyor, ama aynı zamanda bizi yanıldığımıza, ışık diye bir şeyin olmadığına ikna etmeye çalışıyor. Öyle mantıklı yaklaşıyor ki her seferinde o kazanıyor ve biz kaybediyoruz. Senin köye geleceğini duyunca onu sana getirmeye karar verdik. Belki sen onun ışığın var olduğunu anlamasını sağlayabilirsin."

Buda yanıtlamış: "Hayır, onun hiçbir şey anlamasını sağlayamam. Ama sizin birkaç şey anlamanızı sağlayabilirim."

Köylüler çok şaşırmışlar. "Bizim neyi anlamamız gerekiyor ki? Biz ona ışığın var olduğunu söylüyoruz, o da bize, 'Madem ışık var, o zaman ona dokunmak ve onu hissetmek isterim. Var olan her şeye dokunabilir ve her şeyi hissedebilirsin,' diyor. Biz de, 'Işık var,' diyoruz ve o, 'Eğer ışık varsa sesini duymak, dinlemek isterim,' diyor. 'Eğer bir şey varsa onu bir başka şeye sürttüğünde ses çıkarır,' diyor. Bu yüzden çaresiz kaldık."

Buda şöyle demiş: "Hata sizin. Kör bir insana ışığın ne olduğunu anlatmaya çalışmak deliliktir. Işık anlatılmaz, sadece görülür. Işığı düşünemezsin, ışığı algılaman gerek. Işığın ne olduğuna dair bir kavram geliştirmek zorunda değilsin; ışığı sadece deneyimlemek zorundasın. Eğer onun kör olduğunu bile bile ona ışığı anlatmaya çalışırsanız delisinizdir ve o da her sözünde haklıdır. Onu bir düşünürden ziyade bir doktora götürmeniz gerekiyor. Tedavi olması gerek, düşünmesi değil. Onun anlamasını sağlamaya çalışmayın; gözlerini tedavi ettirin. Görürse ışığın ne olduğunu siz söylemeden algılayacaktır. Ama körse ne kadar anlatırsanız anlatın, o ışığın ne olduğunu asla bilemez."

Köylüler kör adamı doktora götürmüşler. Bir süre sonra, gözlerindeki perde kalkmış ve kör adam görmeye başlamış. Sonra arkadaşlarına, "Özür dilerim. Işık var, ama gözlerim yoktu ki göreyim. Bana anlattığınız her şey boşaydı. Deneyimlemediğim bir şeyi bana sözlerle açıklamak beyhude bir çabaydı. Konuşmalarınız bana anlamsız geldi ve ışıkla ilgili yaptığınız tüm konuşmaların, bana kör olduğumu kanıtlamak için olduğunu hissettim. Sanki sırf kör olduğumu kanıtlamak için ışık hakkında konuşuyordunuz. Şimdi ışığın varlığını biliyorum, çünkü gözlerim görüyor," demiş.

Hakikat de üzerinde düşünebileceğin bir şey değildir; doğrudan deneyimlenmesi gerekir. Hakikati çalışamazsın, yalnızca deneyimleyebilirsin. Hakikat için içinde de bir göz açmalısın, ancak o zaman onu algılayabilirsin, herhangi bir kitabı okuyarak değil. Kör bir adama ışığı dilediğince anlatabilir ve açıklayabilirsin, ama sonuç? O da senin sözlerini tekrarlamaya başlayabilir, ama sözler onun gözlerini açamaz. Onun bir deneyim yaşamasını sağlayamaz. Direkt bir algıya erişmesini sağlayamaz.

Hakikat için gözler de gerekir. Düşünceler değil, çalışmalar değil; içsel bir arayış, bir yöntem gerekir. Hiçbir dini kitap sana hakikati veremez. Dini bir metnin veremeyeceği şeye sadece içsel arayışla erişebilirsin.

Bu sözlerle, tüm dini kitapların yanlış olduğunu kastettiğimi düşünme. Dini kitapların hakikati içermediklerini kastettiğimi sanma. Ben sadece, hakikate dini kitaplarla erişemeyeceğini söylüyorum. Dini kitapları okuyarak hakikate ulaşamayacağını söylüyorum. Işık hakkında yazılmış bir sürü kitap var, ama kör bir adam için hiçbir şey ifade etmiyorlar. Bu, ışık hakkında yazılan bu kitapların yanlış olduğu demek değil, ama kör bir adamın gözleri bu kitaplarla açılmaz. Onun gözlerini açmak için farklı bir uygulama gerekir. Eğer bunu aklında tutarsan ne söylediğimi anlayabileceksin.

Hakikate herhangi bir şey okuyarak erişemezsin. Eğer

hakikate sırf okumayla erişilebilseydi hakikat okulları açardık. İnsanlar kitapları okur ve hakikate erişirlerdi.

Çalışmayla sadece bilime erişebilirsin; dindarlık çalışarak olmaz. Bilim kitapları faydalıdır, din kitaplarıysa engeldir. Bilime çalışmadan erişemezsin. Çalışarak maddeyle ilgili her şeyi başarabilirsin. Bu konuda kitaplar vardır. Bilinçle ilgili bir şeye çalışarak erişemezsin. Onu sadece deneyimleyebilirsin.

Bu soruyla birlikte aynı kişi bir soru daha sordu:

Osho,
İnsan doğuştan bilge değildir; çalışması gerekir. Hayatını başarılı kılması için ne çalışmalıdır?

Şu âna kadar söylediklerimi anladıysan hayatta başarının dini kitapları çalışarak değil, hayatı çalışarak yakalandığını da eklemek isterim. Hayat dersinden daha büyük bir ders var mı? Tüm dini metinler hayat dersinden gelmiyor mu? Tüm düşünceler hayat dersinden doğuyorken ikinci el bilgiler toplamak yerine o hayatı çalışmak daha iyi olmaz mı? Eğer biri bana sevgiyle ilgili bir şey anlatsa ben sevgiyi bilebilir miyim? Sevgiyi kendim yaşayarak, deneyimleyerek bilmem gerekmez mi? Bir başkasının sevgi deneyimine bakarak deneyim kazanabilir miyim? Hayat her şeyi sunuyorken sevgiyi deneyimlemek için sevmek daha iyi olmaz mı? Hayat bize verilmişken hayatın kendisini çalışmalıyız – ama biz hayatı çalışmıyoruz, biz dini kitapları çalışıyoruz. Onlar tamamen ölüdürler. Hayat tam önümüzde, biz kalkmış kitapları çalışıyoruz.

Rabindranath Tagore'un hayatından bir olay...

Tagore estetik üzerine çalışmalar yapıyormuş. Güzelliğin ne olduğunu araştırıyormuş. Bir sürü araştırma yapmış, sayısız kitap okumuş, ama güzelliğin ne olduğuna dair tek bir net kavram bulamamış.

Bir keresinde bir gece bir teknede kalmış. O gece dolunay varmış. Tagore bir kamaradaymış. Küçük bir kamarada oturuyor ve estetik üzerine kitaplar okuyormuş. Geceyarısından sonra saat iki gibi yorulduğunu hissetmiş. Kitabı kapatmış, mumu üflemiş ve koltuğuna uzanmış. Orada uzanırken gözleri pencereye yönelmiş. Tagore hemen ayağa kalkmış, pencerenin önüne gitmiş ve bağırmış: "Ah, ne aptalım! Güzellik gözlerimin önündeymiş ve ben onu kitaplarda arıyorum."

Güzellik her zaman her yerdedir, ama onu kitaplarda arayan deli insanlar da öyle. Sevgi her zaman her yerdedir, ama sevgiyi kitaplardan öğrenmeye çalışan insanlar da öyle. Varoluş her zaman her yerdedir, ama bulmak için kitaplara sarılan insanlar var. Etrafımızdaki bu hayat nedir? Tanrı ve hakikat ve varoluş hayatın her ânında mevcut değil mi? Öyleler, ama biz ne onları görmeye hazırız ne görmek isteriz ne de onları görecek altyapıya sahibiz.

Sana hayatın içinden geçtiğini ve onu görmediğini söylüyorum. "Sen neden bahsediyorsun?" diyebilirsin, "Gece gündüz yaşıyoruz; sabahtan akşama yaşıyoruz; akşamdan sabaha yaşıyoruz; biz hep yaşıyoruz" – ve ben sana hayatın içinden hayatı bilmeden geçtiğini söylüyorum.

Tam olarak sana hayatın içinden hayatı bilmeden geçtiğini söylüyorum. Tüm sorular bu yüzden – Tanrı var mı, yok mu? Hayatı biliyor olsaydın içindeki tanrısallığı keşfederdin. Bu yüzden ruh var mı diye soruyorsun. Bu yüzden yeniden diriliş var mı diye soruyorsun.

Hayatı bilen insan için ölüm kaybolur. Ölüm var olamaz. Ama sen hayatı bilmiyorsun. Hepinizin, hepimizin ölümden korktuğu doğru değil mi? Hayatı biliyor olsaydık ölüm konusunda endişelenir miydik? Hayatın ölümü olabilir mi? Ölebilen bir şeye hayat diyebilir miyiz? Hayat ölmeyen bir şeydir. Hayat olan şeyin sonu yoktur, ama biz hayatı bilmiyoruz.

Hayatı neden bilmiyoruz? Hayatı bilmiyoruz, çünkü hayat şimdi buradadır ve biz ya geçmişte ya gelecekteyizdir. Hayat her zaman şu andadır. Zamanın üç dilimi vardır: geçmiş ki gitti; gelecek ki henüz gelmedi ve şu an. Biz asla şu anda yaşamıyoruz. Bu çok küçük bir andır. Daha biz farkına varamadan o geçmişe gider. Zihnimiz geçmiştedir. Biz ya geçmişi düşünürüz ya da geleceği. Bu yüzden şimdiden yoksunuz, var olandan, şu anda olandan yoksunuz.

Bir keresinde bir arkadaşımı nehirdeki bir tekne gezintisine ve dağlara götürdüm. Yabancı ülkelere yaptığı seyahatinden yeni dönmüştü. Sürekli seyahat eden müthiş bir şairdi. Bir sürü nehir ve dağ görmüştü; sayısız güzel yere gitmişti.

Onu gezintiye götürdüm ve bana sordu: "Ne olacak orada? Ben bir sürü göl, bir sürü güzel dağ ve şelale gördüm."

"Yine de benimle gelmelisin," dedim. "Neden mi? Çünkü her şeyin kendine has bir güzelliği olduğunu düşünüyorum. Bir şeyin güzelliğini bir başka şeyin güzelliğiyle kıyaslayamazsın, çünkü bu dünyadaki her şey eşsizdir; iki şey asla aynı değildir. Küçük bir çakıltaşı bile kendince eşsizdir. Tüm dünyayı arasan da onun gibi bir taş daha bulamazsın. Hadi gidelim. Gidelim ve şu küçük dağları ve nehri görelim."

Onu götürdüm. İki saat boyunca bir teknenin içinde o dağlardaki nehirde seyahat ettik. Yol boyunca İsviçre'deki, Keşmir'deki göllerden bahsetti. Ben dinledim.

İki saat sonra geri döndüğümüzde, "Çok güzel bir yerdi," dedi.

Elimi ağzına götürdüm. "Başka söz söyleme, çünkü ben orada yalnızdım. Sen gitmedin. Sen orada değildin, sadece ben vardım," dedim.

"Ne diyorsun? İki saat boyunca yanında oturdum ve her şeyi birlikte gördük," dedi.

"Benim yanımda görünmüş olabilirsin, ama yanımda değildin," dedim. "Aklın İsviçre'deydi, Keşmir'deydi, ama o küçük dağlarda, o küçük nehirde değildi. Sen yoktun. Gözünün önündeki görmedin; hafızan o görüntüyü yok etti. Hafızandaki film yüzünden ânı yaşamadın." Ve ekledim: "Şimdi İsviçre gölleriyle ilgili söylediklerinin de doğru olmadığını anlıyorum, çünkü senin aklının alışkanlığı çok açık; sen o göllerdeyken de aklın başka bir yerde olmalı."

Bu aklımızın alışkanlığıdır. Aklımız, bizim olduğumuz yerde değildir. Aklımız, bizim olmadığımız yerdedir. Bu şekilde hayattan mahrum kalıyoruz. Ya geçmişi düşünüyoruz ya da geleceği. Her iki evrede de şimdi olup bitenleri kaçırıyoruz. Şimdiden mahrum kalıyoruz. Söylediğim gibi hayat her zaman şimdidir. Hayat ne geçmiştir ne de gelecek. Her zaman geçmişte veya gelecekte dolaşan bu akıl yüzünden hayatın daimi akışını bilmiyoruz.

Lütfen hayatı çalış. Aklın geçmişte dolanmasına izin verme. Aklın gereksiz yere gelecekte dolanmasına da izin verme. Onu geri getir. Onu şimdiye getir. Eğer ayın altında oturuyorsan bir süre ayla ol ve geçmişin ve geleceğin tüm endişelerini aklından çıkar. Eğer bir çiçeğin yanında oturuyorsan bir süre sadece çiçekle ol ve tüm düşüncelerden kurtul. Hayatı gözlemle ve tüm düşüncelerden kurtul. O zaman kitaplarda her daim var olan ve hep erişebileceğin yakınlıkta olan bir şeyi aradığını görecek ve şaşıracaksın. Kitaplarla erişemeyeceğin şey her zaman erişebileceğin yakınlıktadır. Ama biz yokuz. Unutma, hakikat her zaman vardır, ama biz yokuz. Hakikat her zaman vardır, ama biz onunla yüzleşmeyiz. Ya gözlerimiz kapalıdır ya da aklımız başka yerdedir.

"Kesinlikle çalış – ama hayatı çalış," derim. Hayatı çalışmanın önkoşulu tüm düşüncelerden kurtulmak ve hayatı doğrudan gözlemlemektir. Sen hiç düşünmeden bir yüz gördün mü? Bir insanın gözlerine düşünmeden baktın mı? Gözlerini kaldırıp güneşi düşünmeden gördün mü? Okyanusu düşünmeden izledin mi? Bir dağ, bir tepe, bir çiçek, bir ağaç, bir yol, yolda yürüyen insanlar, herhangi bir şeye düşünmeden baktığın oldu mu?

Eğer bu şekilde bakmazsan hayatı nasıl bileceksin? Düşünceler etrafını saracak. Hayat akacak. Düşüncelerden kurtul ve bak; düşüncelere son ver ve bak; düşünceleri durdur ve bak; o zaman gördüğün şey hayattır. Hayat dersinden daha büyük bir ders yoktur; hiçbir dini kitap bundan daha büyük değildir. Tüm dini kitaplar silinse, tüm dini kitaplar yok olsa o zaman bile hakikat yok olmaz. O her zaman vardır. Dini kitapların sayısı artsa ve giderek artıyorlar... Dünyada her hafta yaklaşık beş bin dini kitabın yayımlandığını duydum. Her hafta beş bin! Bir süre sonra neler olacağını düşünsene. İnsana yer kalmayacak, her yer kitapla dolacak.

Tüm bu kitaplara rağmen ne oluyor? İnsan nerede? İnsan her gün küçülüyor. Kitaplar artıyor ve insan küçülmeye devam ediyor. Kitaplar artmaya devam edecek ve insan giderek küçülecek. Yavaş yavaş kitap dağları olacak – peki ya insanın hayat bilgisi? İnsanın hayat bilgisi bomboş olacak. Hayat ne kitaplarla çalışılır ne de sözlerle. Hayat sadece hayatın farkında olarak uyanık olarak çalışılır. Ben bunu anladığım şekilde söylüyorum. Umarım sen de söylediklerimi anlıyorsundur. Eğer bir şey çalışmak zorundaysan hayatı çalış. Hayat Tanrı'nın kitabıdır. İnsanlar *Veda*'yı Tanrı'nın yazdığını söylerler. İnsanlar Tanrı'nın tek oğlu İsa'yı gönderdiğini ve *İncil*'i yazdığını söylerler. Tüm bunlar deli saçmasıdır. Tanrı tek bir kitap yazmıştır, o da hayat kitabıdır. Tanrı'nın yazdığı başka bir kitap yoktur. Diğer tüm kitaplarda insanın imzası vardır. Diğer tüm kitaplar insan eliyle yazılmıştır. Tanrı'nın yazdığı tek bir hayat kitabı vardır. Buna *Veda* diyeceksen de; buna *İncil* demek istiyorsan de. Hayatı çalış, Tanrı'nın kitabı hayattır. Onu bil, tanı ve başka kitapların araya girmelerine izin verme. Eğer başka kitaplar araya girerse hayatı çalışmazsın. Hiçbir kitabın araya girmesine izin verme ve hayata doğrudan bak. Eğer tanrısallıkla doğrudan temas kurmak istiyorsan neden bir kitaba başvurasın ki? Bu bir okul mu? Neden kitapların sana yük olmasına izin veresin?

Biri varoluş ile arasına Ramayana'yı koyar; bir diğeri *İncil*'i; bir başkası *Veda*'yı. Bu kitapların hepsi çok kalındır ve Tanrı'yla yüz yüze gelmene izin vermezler. Kurtul onlardan. Tanrısallığa doğrudan ulaşabilecekken neden araya bir kitap koyasın? Neden araya engel koyasın? Araya hiçbir şey koymaya gerek yoktur – ne kitap ne din adamı ne bir *tirthankara* ne bir avatar ne de Tanrı'nın oğlu. Araya kimseyi koymana gerek yok. Araya birini veya bir şeyi koyan insan hayattan yoksun yaşamaya devam eder.

Aklıma küçük bir hikâye geldi...

Bir zamanlar Sufi bir mistik varmış. Bir gece rüyasında aniden cennete gittiğini görmüş. Tanrı'nın topraklarına gelmiş. Bir bakmış ki ziyafet var. Bütün bir yol insanlarla doluymuş, her yer kocaman ışık ve bayraklarla donatılmış. Bir tür festival havası varmış. Mistik yolun kenarında durmuş ve birine neler olduğunu sormuş. Milyonlarca insan varmış ve onlardan birini çevirip sormuş. Adam yanıtlamış: "Tanrı için festival düzenlendi; bugün onun doğum günü."

Mistik, "Bugün geldiğim ve bu festivali gördüğüm için ne kadar şanslıyım," demiş.

Sonra bir başka kalabalık, çok büyük bir kafile gelmiş. Buda bir atın üzerinde oturuyormuş ve arkasında onu takip eden milyonlarca insan varmış.

Mistik bir adama sormuş: "Tanrı'nın kafilesi geçti mi?"

"Hayır, bu sadece Buda'nın kafilesi," demiş adam, "müritleri arkasından yürüyor."

Ardından Rama'nın kafilesi geçmiş, sonra Mahavira'nın, sonra İsa'nın, sonra Krişna'nın, her birinin ardında milyonlarca insan varmış.

Mistik, "Tanrı'nın kafilesi nerede?" diye sormuş.

İnsanlar yanıtlamışlar: "Bunlar sadece onun enkarnasyonlarının, sevdiklerinin kafileleri."

Mistik düşünmüş: "Enkarnasyonlarının kafileleri böyleyse Tanrı'nınki nasıl olacak?"

Sonunda, diğer herkesin kafilesi geçtikten sonra üzerinde çok yaşlı bir adamla birlikte yaşlı, ölü gibi görünen bir atın geldiğini görmüş.

Mistik sormuş: "Tanrı'nın kafilesi neden hâlâ gelmedi?"

"Şu anda gördüğün, Tanrı'nın kafilesi," demişler.

Tanrı'nın arkasında kimse yokmuş. O tek başınaymış, çünkü insanların bir kısmı Rama'yla, bir kısmı Krişna'yla, bir kısmı Mahavira'yla, bir kısmı Buda'yla, bir kısmı İsa'yla gitmiş. Ve Tanrı'nın yanında kimse yokmuş, o tek başınaymış. Tanrı'nın kafilesine kimse eşlik etmiyormuş. Bugün onun doğum günüymüş ve tek başınaymış.

İşte bu oldu. Kitaplar, ustalar, enkarnasyonlar ve Tanrı'nın oğlu araya girdi, hem de Tanrı ile yapılacak her türlü temasın doğrudan ve anlık olması gerekirken. Sevgiyle direkt temas kurmak zorundasın. Sevgiyle arana kimse giremez. Ben birine âşıksam ve başka biri aradaysa sevgi nasıl olabilir? Ben dua edersem ve başka biri aradaysa dua nasıl olabilir? Ben birine âşığım ve arada bir ajan var; sevgi nasıl olsun? Sevgi direkt olmak zorundadır. Ortada kimse olamaz. Dua da sevgidir. Sonsuz sevgidir. Onun da direkt olması gerekir. Ortada kimse olamaz – ne bir kitap ne sözler ne de bir insan.

Lütfen ortada kim varsa onu yok et. Aranızdakileri bir kenara koy. Eğer tanrısallığa ve hakikate ulaşmak istiyorsan aradaki herkesi çıkar. Sen tek başına yetersin. Sen yeterlisin. Sadece hayatı çalış, hayatı bil. Sadece senin hayattan aldığın hakikattir. Sadece senin hayattan aldığın canlıdır. Sadece hayattan aldığın seni özgürleştirir.

Biri sordu:

> Osho,
> İçsel disiplinimizi hangi samadhi kavramından, Hatha yogadan mı, Raja yogadan mı, yoksa başka bir yoldan mı almalıyız?

Samadhi'nin birden fazla türü mü var? Hatha yoganın *samadhi*'si, Raja yoganın *samadhi*'sinden farklı mı?

Her şeyi böldük ve her şeyin üzerine etiketler yapıştırdık. Her şeyde sınıflar yarattık. Zihnimizde market gibiyiz. Orada her şeyin bir etiketi var. Her şey ayrı bir kutuda, her şeyin ayrı bir rafı var. Aynı uygulamayı dine de dayatıyoruz. Tutumumuz her şey için aynı; her şeyin farklı dilimlerden oluştuğunu düşünüyoruz.

Bengal'de, Vişnu'nun müridi olan bir Baul mistiği vardı. Baullar sevgiden konuşurlar; onlar sevginin her şey olduğunu söylerler. Sevgi Tanrı'dır.

Bir keresinde meşhur bir bilge onu görmeye gelmiş ve sormuş: "Kaç tür sevgi olduğunu biliyor musun?"

Baul, "Sevgi ve tür mü?" demiş. "Hayatımda böyle bir şey duymadım. Ben sevgiyi bilirim, sevgi türlerinden anlamam."

Bilge, "O zaman sen hiçbir şey bilmiyorsun," demiş. "Hayatın boşa geçmiş. Bizim kitaplarımızda beş tür sevgi olduğu yazılır. Sen daha kaç tür sevgi olduğunu bilmiyorsun, sevginin ne olduğunu nereden bileceksin?"

Baul mistik yanıtlamış: "Eğer kutsal kitaplarda böyle yazıyorsa doğru olmalı. Belki ben yanılıyorumdur. Ben sadece sevgiyi bilirim ve farklı türleri bilmem. Ama sen anlattığına göre ben de dinlemeye hazırım. Lütfen bana kutsal kitabını oku."

Bilge kutsal kitabını okumuş ve ona kaç tür sevgi olduğunu anlatmış. Mistiğe tüm sevgi türlerini açıklamış. Konuyu enine boyuna anlattıktan sonra sormuş: "Sana anlattıklarımı anladın mı? Sende herhangi bir etki bıraktı mı?"

Baul gülmeye başlamış ve sormuş: "Bende bir etki bıraktı mı? Sen kutsal kitabını okurken bana sanki bir sarraf mihenktaşıyla bir bahçeye, çiçekleri test etmeye ve hangi çiçeğin gerçek, hangisinin sahte olduğunu görmeye gelmiş gibi geldi. Ben böyle hissettim," demiş. "Sen delirmişsin! Sevginin farklı türleri olabilir mi? Türler varsa sevgi olabilir mi?"

Sevgi tektir. Aydınlanma da tektir. Aydınlanmanın yirmi

beş türü olamaz. Hastalıkların bir sürü türü vardır, unutma, ama sağlık tektir. Rahatsızlıkların bir sürü türü vardır, ama huzur tektir. Sorunların bir sürü türü vardır, ama aydınlanma tektir.

Kitabımsı akla sahip olanlar her şeyi ayırırlar; analiz ederler, o tür mü, bu tür mü – Raja yoga mı, Hatha yoga mı, Bhakti yoga mı, vesaire. Yoganın bir sürü türü yoktur. Yoga tektir. Tüm bu türleri, sınıfları bilgeler yaratır; bunlar bir öğrencinin anlayışı değildir. Bir bilge bir şeyleri analiz etmekten keyif alır. Kutsal kitapları okursan bir sürü sinsi ayrıştırmaya rastlarsın. Hepsi analiz edilmiş ve detaylarına göre ayrılmıştır, ama bu gevezelikten başka bir şey değildir. Ayrıştırmalar ve analizlerden çok etkilenen deli insanların işidir; onlar bunun özel bir olduğunu düşünürler.

Hayatta ayrımlar yoktur; hayat tektir. Aydınlanma da tektir. *Samadhi* ne anlama gelir? *Samadhi*, zihnin çok huzurlu olduğu, hiçbir sorunun, hiçbir rahatsızlığın kalmadığı anlamına gelir. Zihin tamamen boştur, içeride hiçbir aktivite, hiçbir memnuniyetsizlik, hiçbir sıkıntı kalmamıştır. Zihin böyle bir sükûnet evresine ulaştığında ve içeride hiçbir hareket, hiçbir kargaşa kalmadığında bu üstün huzur evresinde ortaya çıkan şey hakikattir. *Samadhi* hakikate açılan kapıdır. Aydınlanmanın türü olmaz, yoganın da öyle. Bu ayrımlar, bu kategoriler bize aittir. Biz onlara tutunur ve ayrımlar olması gerektiğini düşünürüz.

Kategori yoktur. Bu konuya yarın daha detaylı değineceğim. Zihnin boşluğu hakkında konuşurken *samadhi*'ye de değineceğim. Ve anlayabilmen için daha detaylı açıklayacağım.

Hayatta tüm bu şeyler tektir. Eğer birden fazla aydınlanma veya yoga türü varmış gibi görünüyorsa bizim bakış açımızda bir hata vardır. Biz kesinlikle bir hata yapıyoruz. O bir sürü isimden sayısız inanç ve sayısız mezhep türetildi. Her birinin kendi müritleri ve aynı zamanda kendi muhalifleri var. Ve sonra dünyadaki bu kaos. Hakikat bir köşeye itildi ve insanlar kendi hakikat anlayışlarını tartışmakla meşguller.

Bir keresinde bir adam bir Zen üstada gitmiş ve ona hakikati bilmek istediğini söylemiş. Üstat sormuş: "Hakikati bilmek mi istiyorsun, yoksa hakikat hakkında bilmek mi? Eğer hakikat hakkında bilmek istiyorsan başka bir yere gitmelisin. Sana hakikat hakkında bir şeyler anlatacak bir sürü insan bulabilirsin. Hakikati bilmek istiyorsan burada kalmalısın, ama bir daha bana hakikat hakkında soru sorma."

Adam şoke olmuş. "Haklısınız. Ben buraya hakikati bilmeye geldim. Kalacağım."

Üstat ona, "Bu cemaatte beş yüz bin rahip var ve her gün pilav yerler. Git ve mutfağın arkasındaki kulübede yaşa. Senin görevin her gün pirinç ayıklamak olacak. Başka herhangi bir şey yapmana gerek yok. Kimseyle konuşmana, kimseyle dedikodu yapmana gerek yok. Sana rahip cüppesi vermeyeceğiz. Sen sadece pirinci ayıklayacaksın. Ama tek bir şeyi unutma: Pirinç ayıklarken sadece bunu yapmalısın, tek yaptığın bu olmalı. Sadece pirinç ayıkla. Yorulduğun zaman git yat ve uyandığında yine işini yap. Hepsi bu. Bir daha bana gelme. Eğer ihtiyaç olursa ben sana gelirim."

Böyle üç yıl geçmiş. Adam pirinç ayıklamaya devam etmiş. Cemaatte kimse onun varlığından ve yaptığı işten haberdar değilmiş. Cemaatin diğer üyeleri aydınlanmanın ne olduğunu, hakikatin ne olduğunu düşünürmüş. Aralarında tartışırlarmış; kutsal kitaplar okunurmuş. Bu adam ise arka planda sadece pirinç ayıklarmış. Kitaplarla işi yokmuş. Kimseyle konuşmazmış. Cemaatteki diğer beş yüz kişi onun deli olduğunu düşünüyormuş. "O sadece pirinç ayıklar. Kim ki o? Uşak mı?"

Yavaş yavaş herkes onu unutmuş. Kim böyle bir adamı hatırlar ki? İnsanlar sadece gürültü çıkaran ve rahatsızlık veren birini hatırlarlar. Zavallı adam arkada sessizce pirinç ayıklamayı sürdürmüş. Onu kim hatırlasın? Herkes unutmuş. Varlığından bile habersizlermiş. O cemaatteki nesnelerden biriymiş sadece.

Neredeyse on yıl geçmiş. O kimseyle konuşmamış ve cemaatin toplantılarının hiçbirine katılmamış. Pirinç ayıklamış ve uyumuş. Başlarda bir süre eski düşünceler aklına gelmeye devam etmiş. Böyle zamanlarda pirinç ayıklamaya devam etmiş ki yeni düşünceler doğmasın. Asla yeni düşünceler biriktirmemiş. Eski düşünceler daha ne kadar belirmeye devam edebilirmiş ki? O pirinç ayıklamayı sürdürmüş, dikkatini hep pirince vermiş. Bambu sopa kalktığında zihni de onunla birlikte yükselir, bambu sopa yere indiğinde onun zihni de onla birlikte inermiş. Pirinci ayıklarken zihnini de ayıklar, pirinci bıraktığında zihnini de bırakırmış. Yemeğini yerken zihni de yemek yermiş; uyuduğunda zihni de uyurmuş.

Böyle on iki yıl geçmiş. Bu on iki yılda, kim bilir o cemaatte ne bilgeler yetişmiş, ne bilgiler kazanılmış ve o zavallı adam her zamanki kadar cahil kalmış.

On iki yıl sonra üstat yaşlanıyormuş. Bir gün cemaate birkaç güne kadar bedeninden ayrılacağını ve birini halefi olarak atamak istediğini söylemiş. "Benim yerimi almaya değer olan kişi benim halefim olacak. Test olarak bir kâğıda hakikat üzerine dört satır yazmanızı ve bana vermenizi istiyorum. Eğer birinin hakikat deneyimi yaşadığını ve bana doğru yanıtı verdiğini hissedersem onu halefim yapacağım. O benim yerimi alacak. Ama şunu unutmayın: Beni kandıramazsınız. Eğer biri kutsal kitaplardan bir şeyler yazmaya kalkarsa hangi yanıtın kutsal kitaplardan alındığını ve hangi yanıtın kişinin kendinden geldiğini hemen anlarım. Bu yüzden beni aldatmaya çalışmayın."

Cemaatteki herkes, üstadın bileceğinin ve kanmayacağının farkındaymış. Uzun süre tereddüt ettikten sonra bir öğrenci bir şeyler yazma cesaretini göstermiş, çünkü o öğrenci, aralarındaki en bilgili öğrencilerden biri sayılıyormuş. Ama o bile yanıtı doğrudan üstada verecek cesarete sahip değilmiş. Gecenin bir yarısı etrafta kimse yokken bir hırsız gibi kalkmış ve yanıtını cemaatin duvarına yazmış. Sadece dört satır.

Dört satırı yazdıktan sonra oradan hemen uzaklaşmış ve altına ismini yazmamış, çünkü yazdığı satırların kutsal kitaplardan olma olasılığı da varmış. Kendi bile kuşkuluymuş; içten içe gerçek bir hakikat deneyimi yaşamadığını biliyormuş. Zihnin, düşünce ve sapkınlık tozları toplayan bir ayna gibi olduğunu yazmış. Aynanın tozu alındığında, insan hakikate erişir.

Yazdığı doğruymuş. Ancak üstat sabah yazıyı gördüğünde bağırmış: "Bu duvarı bu hale getiren de kim?"

Biz yanıtın doğru olduğunu söylesek bile üstat bağırmış: "Duvarı kim mahvetti? O adamı bulup bana getirin!"

Öğrenci satırların altına adını yazmamış. Kimsenin yazıyı onun yazdığını anlamaması için saklanmış, çünkü üstat, "Bu kitaplardan alınan saçmalık. Belli ki bunu yazan kişi bu sözleri o veya bu kitaptan almış," demiş.

Haber tüm cemaate yayılmış. Öyle ki iki öğrenci pirinç

ayıklayan adamın yanından geçerken bu konuyu tartışıyormuş. "Ne eşsiz bir ifade! Zihnin, düşünce ve sapkınlık tozları toplayan bir ayna gibi olduğunu yazmış. Aynanın tozu alındığında, insan hakikate erişeceğini de. Böyle eşsiz dizeler yazmış ve üstat bunun saçmalık olduğunu söylüyor. Şimdi ne olacak? Üstadın yeri boş mu kalacak?"

Pirinç ayıklayan adam gülmüş. Daha önce kimse güldüğünü görmemiş.

"Neden gülüyorsun?" diye sormuşlar.

"Öylesine," demiş. "Bir şey yok."

"Öyle bile olsa gülmenin bir sebebi olmalı."

"Üstat haklı," demiş adam. "O adam duvarı mahvetmiş."

Daha önce kimse onun konuştuğunu görmemiş. Ona sormuşlar: "Seni ahmak; doğru yanıtı biliyor musun?"

"Ben yazmayı unuttum," demiş adam. "Ben size söyleyeyim, siz yazın." Ve söylemiş. "Zihnin aynası yoktur, nasıl toz toplasın? Hakikati bilen insan, hakikati bilir.' Bunu yazın," demiş.

O anda üstat ona doğru koşmuş ve ayaklarına kapanmış. "Ben de bugünü bekliyordum. Sen benim tek umudumdun," demiş.

Bu, *samadhi*'ye erişmiş bir adamdır. Kutsal kitaplara meraklı olanlar sadece kitap okurlar. Bu adam aydınlanmıştı.

Düşüncelerin yavaş yavaş kaybolduğu tek bir *samadhi* vardır. Zihin yavaş yavaş kaybolmalıdır. Zihin kaybolduktan sonra geriye kalan hakikattir. Hakikate rastladığın gün, ânında aydınlanmaya erişirsin. Nerede başladığın ve ona nasıl eriştiğin önemsizdir. *Samadhi*'nin özü sadece budur: zihnin ve düşüncelerin boş olması. Geriye kalan ruhtur, hakikattir, aydınlanmadır. Ona dilediğin ismi verebilirsin. İsimler teferruattır.

Osho,
Aydınlanma, hakikat farkındalığı ve Tanrı farkındalığı, hepsi aynı anlama mı gelir?

Kesinlikle aynı anlama gelirler. Bilge birine sorsan hepsinin farklı anlamları olduğunu söyler. Sen "Tanrı" dersin. Bir Caynist Tanrı olmadığını söyler. Sen "ruh" dersin. Budistler, "Ne ruhu! Ruh diye bir şey yok," derler. Sen "hakikat" dersin. Biri çıkar, "Hakikat mi? Hakikat sözcüklere indirgenemez," der.

Ruh, hakikat ve Tanrı, hepsi farklı görünür. "Var olanın" bir ismi yoktur. İsim sadece uydurma bir düzenlemedir. Sen ona dilediğin ismi verebilirsin.

Sahip olduğun ismin senin ismin olduğunu mu sanıyorsun? Sence bir şeyin ismi onun kendi ismi midir? Ona bir isim verilmiştir. Ona isim konmuştur. Bu sadece uydurma bir düzenlemedir. Biri sana Rama derse, ailen seni Rama diye çağırırsa sen Rama olursun. O zaman ismin gerçekten Rama mıdır? Sen bir isimle mi doğdun? Bir isimle mi öleceksin? İsim sadece sana dışarıdan verilen bir etikettir; yapışkansız bir etiket. Biraz çeksen düşer. Sorun yok; dilersen mahkemeye gider, biraz para harcar ve ismini değiştirirsin.

Bir ismin hiçbir anlamı yoktur. Kimsenin ismi yoktur. Herkes isimsizdir. Bir isim sadece insan icadıdır. İnsan bir sürü şey icat etti ve isim onlardan biridir. Bu en tehlikeli icattır, ama bir o kadar gereklidir. Bu yüzden kullanman gerekir. Kimsenin ismi yoktur; bütünlüğün, tüm dünyanın varlığının nasıl bir ismi olabilir ki?

Çocuklarımıza isim veririz. Zihinlerimizde bir sorun olmalı; her şeye isim verirler. Günümüzde evlerimize bile isim veririz. Aynı eski alışkanlık kendini gösteriyor. Çocuklarımıza, evlerimize, yollarımıza, geçitlerimize ve tanrılarımıza isimler veririz. Zihinlerimiz isim koyma eğilimindedir, çünkü isim olmadan birini nasıl tanırız? Ona o veya bu ismi veririz. Sonra isimler için kavga ederiz, çünkü bir başkası bir şeye farklı bir isim verir, üçüncü biri çıkar ve ona bambaşka bir isim verir.

Bir çocuğun iki veya üç babası olduğunu, kimin gerçek baba olduğuna karar veremediğini ve her birinin ona farklı bir isim verdiğini düşün, öyle bir şey. Sonra çocuğun isminin ne olduğu konusunda kavga etmeye başlarlar. Tanrı da bu durumdadır. O senin babandır; onun bir sürü çocuğu vardır ve her biri ona farklı bir isim vermiştir. Ve her biri, kendi verdiği ismin doğru olduğunu iddia eder.

İsim falan yoktur. "Var olanın" hiçbir ismi yoktur. Sen ona hakikat diyebilirsin, ruh veya Tanrı diyebilirsin. İsimler sırf biz farklı isimler verdiğimiz için farklıdır. Dolayısıyla hakikat dersek doğru, "var olan" dersek daha doğru olur. Ona karşı sevgi hissediyorsan Tanrı diyebilirsin, ruh diyebilirsin, ama gerçekte bir isminin olmadığını unutma. Eğer dünyada insan olmasaydı isim de olmazdı. İsimler insanın icadıdır.

İsimler bir sürü soruna yol açtılar. Bir sürü zorluğa sebep oldular; bir sürü sıkıntının kaynağı oldular. Bir isim uğruna öyle çok insan öldü ki! Bir isim uğruna öyle çok cinayet işlendi ki! Sırf biri Allah, diğeri Tanrı, Rama dedi diye insanlar kavga ederler. İsimler yüzünden ne çılgınlıklar yaşandı, biliyor musun? Bu çılgınlığa kafa yorsan, isimler için kavga eden bir dünyanın kendine dindar demesine hayret edersin – isimler için savaşan bir dünya!

Bir keresinde bir arkadaşım evime konuk oldu. Bir rahipti. Sabah bana bir tapınağa gitmek istediğini söyledi. "Neden gitmek istiyorsun?" diye sordum.

"Tek başıma oturmak ve biraz huzur bulmak istiyorum. Bir süre Tanrı'yı hatırlamak istiyorum," dedi.

Tapınağın çarşının orada, çok kalabalık bir muhitte olduğunu ve orada gürültü olacağını söyledim. Ama kilise hemen yan taraftaydı ve kiliseye gitse daha iyi olacaktı. Orada sessizlik ve sükûnet içinde oturabilirdi. İçeride kimse yoktu ve dilediği gibi ibadet edebilirdi.

"Ne, kilise mi! Sen ne diyorsun!" dedi.

"İsmi dışında ne farkı var? Yarın *Kilise* yazan tabela yerine *Tapınak* yazan bir tabela assan orası tapınak olur. Sonuçta bir bina. İsmin ne önemi var?" diye sordum.

Yakın zamanda arkadaşlarımdan biri Kalküta'da bir kilise satın aldı ve onu bir tapınağa dönüştürdü. Şimdi orası bir tapınak. Bir gün öncesine kadar oraya Hıristiyanlar gidiyordu, ama şimdi hiçbir Hıristiyan gitmiyor. Şimdi Caynistler gidiyor. Ve bir gün öncesine kadar hiçbir Caynist oraya adımını bile atmazdı. Ne saçmalık – altı üstü bir isim! Bina aynı, duvarlar aynı, yerler aynı. Her şey aynı, ama şimdi orası bir tapınak; eskiden kiliseydi. Eskiden orası belirli bir tanrının eviydi, şimdi farklı bir tanrının evi oldu – sanki bir sürü tanrı varmış gibi.

İsme olan bağlılığımız çok derinlere uzanır. Bu bağlılık, tıpkı eşyalarından vazgeçemeyen bir çocuk gibi çocuksudur. İsim uğruna kılıçlarımızı çeker, insanları öldürür, ülkeleri yerle bir eder, her şeyi ateşe verir, yok ederiz.

Bu dünyada, hiç kimse bizim din adı altında yaptığımız

kadar vahşet ve aptallık yapmadı ve tüm bunlar bir isim için yapıldı. Tüm bunlara rağmen gözlerimiz açılmış değil. Hâlâ isimlere tutunur, onlardan vazgeçmeyiz. İsimler hatırına inanılmaz bir yıkıma imza attık.

İsmin tam bir illüzyon olduğunu anlamanı istiyorum. Bir ismin hiçbir anlamı yoktur. Hakikati gör, ismi görme. Aksi takdirde isme takılıp kalırsın ve hakikati göremezsin. İsmi unut ve anlamın ne olduğunu gör. Bu yüzden ben tüm isimleri eşzamanlı olarak kullanırım. "Tanrı vizyonu", "özfarkındalık" ya da "hakikate erişmek" gibi ifadeler kullanırım ki farklı isimler kullanan insanlar da aynı şeyden söz ettiğimi anlayabilsinler. "Tanrı vizyonu" dersem bazı insanlar benim Hindu dinine mensup olduğumu düşünürler. Özfarkındalık dersem bir tanrıdan söz etmediğim için bazıları hangi dine mensup olduğumu anlayamazlar.

Ben tüm bu ifadeleri kasti bir şekilde eşzamanlı olarak kullanırım ki ne demek istediğimi anla. "Var olanın" adı yoktur. Onu sadece düşünmek zorundasın; onu sadece deneyimlemek zorundasın; ona sadece girmek, onu fark etmek zorundasın. Tüm isimleri unut ve isimsizliğin farkına var. Var olanın bir adı olmadığının farkına var. Biçimsiz olanın farkına var. Hiçbir yerle, hiçbir zamanla, hiçbir isim veya biçimle kısıtlı olmayanın farkına var. Sen ona ister Tanrı de, ister ruh, ister hakikat, fark etmez.

Osho,
Zihin neden günah işler ve günahın babası kimdir?

Bunu sana açıklamam biraz zor olacak. Aslına bakarsan günahın babası sadece sensin. Başkası nasıl olabilir ki? Gerçi sen sanki başkasıymış gibi söylüyorsun. Sen benden, günahın babasının bir başkası olduğunu söylememi istiyorsun. Sensin – ve sensin derken sadece sensin diyorum. Komşundan bahsetmiyorum. Doğrudan seninle konuşuyorum, yanında oturan kişiyle değil.

Neden günah işleriz? Gerçek şu ki dünyada kimse günah işlemez. Günah kendiliğinden olur. Ne günah işlenebilir ne de erdem kazanılır. Erdem kendiliğinden olur, günah da öyle. Bunu anlaman gerek. Genel olarak o adamın günahkâr olduğunu söyleriz, bu adamın ise erdemli olduğunu. Yani her şeyin insanın elinde olduğu izlenimindeyizdir; biri isterse iyilik, isterse kötülük yapabilir. Bir günah işlediğinde, bunun senin elinde olduğunu, eğer istesen günah işlemekten kaçınabileceğini düşündün mü? Madem senin elinde, o zaman neden durmadın? Öfkelendiğin zaman, öfkelenmemenin de senin elinde olduğunu biliyor muydun? Bir insan bir başka insanı öldürdüğü zaman sence o insanı öldürmemek o kişinin elinde miydi? Onun elinde olmasına rağmen yine de durmayıp öldürdüğünü mü düşünüyorsun?

Ben böyle düşünmüyorum. Eğer bir insan bilinçsizse günah işlemesi kaçınılmazdır. Günah, bilinçsizliğin doğal bir neticesidir. Kimse günah işlemez; günah bilinçsizlikte olur. Bu yüzden benim içinde günahkâr birini kınamak yoktur.

Biri bir insanın günah işlediğini söylediğinde, o aslında birini kınamaktan keyif almaktadır. Tüm rahipler ve onurlu insanlar, başkalarını günahkâr olarak damgalamaktan keyif alırlar. Onların günahkâr olduğunu ne kadar güçlü bir şekilde ispatlarlarsa kendilerinin erdemli olduğunu da o kadar güçlü vurgularlar. Bu yüzden kınamak bu kadar caziptir. Bir başkasını kına, onun günah işlediğini ve günahkâr olduğunu söyle. Bunun amacı, kendi günahlarını saklamaktır. Kendi günahları içinde boğulmuş insanlar başkalarının günahlarını bağırmaktan, bunun günah olduğunu, belirli insanların günah işlediklerini, herkesin kendini günahtan koruması gerektiğini söylemekten çekinmezler.

Bir insan, insanların günah işlememesi gerektiğini söylemeye başladığında, en azından o kişinin günahkâr olmadığını düşünürsünüz. Eğer bir insan hırsızlık yaparsa ve kendisi bir hırsızlık olayının yaşandığını söyler, "Hırsızı yakalayın!" diye bağırırsa elbette onu yakalamazsın. O hırsızı yakalamak için yardım istiyor, dolayısıyla hırsızlığı yapan kişi o değil, diye düşünürsün. Bir hırsızlık olayı olduğunu ve hırsızın yakalanması gerektiğini söyler, o zaman onu niye yakalayasın ki? İnsanlar onu kendine haline bırakırlar. Kurnaz adam, başka insanların günahkâr olduğunu söyler durur. Ama kendisi de günahkârdır ve onun yaptıkları da günahtır.

Ben sana hiçbir insanın günah işlemediğini söylüyorum. Günah kendiliğinden olur. Kendiliğinden olur derken zihnin bir bilinçdışı evresinin olduğunu kastediyorum. Zihnin, bilinçli olmayan bir evresi vardır. O sırada ne yaptığımızın farkında olmayız. Bazı eylemler bizim aracılığımızla gerçekleşir. Şunu düşün: Öfkeli olduğun zamanlarda, öfkeyi sen mi yarattın? Üzerine düşündün mü? Öfkeli olmaya karar verdin mi? O anda öfkelenmek için kendini zorladın mı? Sen hiçbir şey yapmadın. Aniden kendini öfkelenmiş buldun.

Bir keresinde bir mistik bir köyden geçiyormuş. Sonra birkaç düşmanının olduğu çarşıya varmış. Düşmanları onu yakalamış ve dövmeye başlamışlar. Ona çok öfkelilermiş ve ona hakaretler yağdırmışlar. İşleri bittiğinde, mistik onlara,

"Dostlarım," demiş. "Yarın buraya tekrar gelecek ve size bir cevap vereceğim."

Düşmanları bunu duyduklarında şaşırmışlar. Onu dövmüş, ona hakaretler etmiş, ona çirkin sözler söylemişler ve şimdi adam onlara, "Yarın tekrar gelecek ve size cevap vereceğim," diyormuş.

"Sen deli misin? Seni tekme tokat dövdük, sana hakaretler ettik; bir insan ertesi gün hakaret ve dayağa cevap verebilir mi? Ne vereceksen şimdi ver," demişler.

Mistik, "Ben bilinçsizken asla bir şey yapmam. Her zaman zekâmı kullanırım; düşünürüm. Bunu da düşüneceğim ve eğer öfkelenmenin gerekli olduğunu düşünürsem öfkemi ifade edeceğim. Eğer gerekli olduğunu düşünmezsem yapmam. Söylediklerinizin doğru olması mümkün. Benim hakkında söyledikleriniz doğru olabilir. Eğer öyleyse gelmeyeceğim. O zaman, 'Haklılar, söyledikleri doğru,' diyeceğim. Bu durumda bunu bir kınama olarak değil, karakterimin bir tarifi olarak kabul edeceğim. O zaman gerçeği söylemiş olacaksınız. Ama eğer öfkelenmem gerektiğine karar verirsem o zaman öfkeleneceğim."

"Sen çok tuhaf bir adamsın. Kim düşündükten sonra öfkelenir ki? Öfke düşünmeden meydana gelir, farkındalığın olmadığı anda. Düşündükten sonra öfkelenilmez."

Üzerine düşündükten sonra günah işlenmez. Hiçbir günah bilinçli olarak, bir insan bilinçli bir evredeyken işlenmez. Ben bu yüzden günah işlenmez derim; günah olur. "Öyleyse hiçbir şey bizim elimizde değil. Günah olursa olur, biz ne yapalım? Öfke olursa olur, biz ne yapabiliriz ki?" diyebilirsin. Sana ne söylemeliyim?

Bir katil, "Ne yapabilirim? Kendiliğinden oldu," diyebilir. Bu doğrudur. Kendisinin yapması söz konusu değildir. Bu seviyede hiçbir şey yapmak zorunda değilsin. Günah olduğunda, bu, ruhun uykuda olduğunun işaretidir. Günah seviyesinde hiçbir değişiklik olamaz; ne senin bir şey yapman gerekir ne de zaten bir şey yapılabilir. Bu sadece, ruhun derin bir uykuda olduğunun göstergesidir. Senin günahın dışarıdadır; bu, ruhun içeride uykuda olduğunu gösterir. Mesele ruhu uyandırmaktır. Mesele günahı değiştirmek değil, ruhu uyandırmaktır. Burada sözünü ettiğim şey, ruhun nasıl uyandırılabileceğidir. Ruh uyandığı zaman günahın kaybolduğunu ve onun yerine erdemin hayat bulduğunu göreceksin.

Erdem de kendiliğinden olur, o da yapılamaz. İnsanlar genelde, gidip Mahavira'yı taşladıklarında Mahavira'nın onları bağışladığını söylerler. Söyledikleri şey tamamen saçmalıktır. Mahavira bağışlayabilir mi? Bağışlama eylemi gerçekleşse bile yapılmaz. Mahavira bir farkındalık evresindedir. Biri taş atar, öbürü hakaret eder, bağışlama onun içinde gerçekleşir. Eylem bunun neresinde? Seninle öfke olur; Mahavira ile bağışlama. Bağışlama onun içinden gelir, o yapmaz.

Çiçeklerle dolu bir ağaca taş attığında çiçekler yere düşer; dikenli bir ağaca taş atarsan dikenler düşer. Ne varsa o ortaya çıkar, ne varsa o düşer. Mahavira'nın içinde sadece sevgi vardır. Ona hakaret edersen o ne yapar? Sadece sevgi paylaşır. O sadece sahip olduğu şeyi verebilir. Sadece dışarı çıkabilecek olan çıkar. Hayatta bir şeyler ortaya çıkar, olurlar. Yapılmazlar. Mahavira'nın onları bağışladığını söyleyenler, tamamen yanılgı içindedirler. Mahavira'nın şiddet uygulamadığını söyleyenler, yanılgı içindedirler. Buda'nın merhametli olduğunu söyleyenler yanılırlar. Onlar hiçbir şey yapmadı; bu şeyler kendiliğinden oldu. Onlar, sadece merhametin çıkabileceği bir bilinç evresindedirler.

İnsanlar İsa'yı çarmıha gerdiler. İsa çarmıhın üzerindeyken ona son bir arzusu olup olmadığını sordular. "Baba, onları bağışla, çünkü ne yaptıklarını bilmiyorlar," dedi İsa. İsa'nın çok bağışlayıcı bir insan olduğunu söyleyeceksin. Hayır, bu İsa'nın yapabileceği tek şeydi. İsa'nın içinde bulunduğu bilinç evresinde, ondan sadece bu gelebilirdi; başka hiçbir şey olamazdı.

Ne söylediğimi anlıyor musun? Değerli olan şey eylem değildir; senin benliğindir, değerli olan senin içsel evrendir. Sen eylemlere takılıp kalırsan olduğun yerde dönersin. "Eylemlerimi değiştirmem gerek. Benim yaptığım şey günah. Bunu değiştirmeliyim, doğru şeyi yapmalıyım," diye düşünürsün. Sen hiçbir şey yapamazsın. Bilinci derin bir uykuda olan bir insan asla erdemli bir davranış sergileyemez. Bu akşam söylediğim gibi kalabalıklar onun bir tapınak inşa ettiğini söylediği zaman bilinci derin uykuda olan bir insanın erdemli bir davranış sergilediğini düşünebilirsin. Bu kesinlikle yanlıştır. Çünkü adamın bilinci derin uykudayken o gerçek bir tapınak inşa etmemiştir; o babasının anısına veya kendi adına bir anıt yapmıştır. Bir tapınak inşa etmemiştir. Onun tapınakla ne işi olur? İçsel bilinci uyku evresinde olduğundan, ne inşa ettiğinin bir önemi yoktur; bu evrede günahların olması kaçınılmazdır.

Bana göre farkındalıksız bir insanın yaptığı her şey günahtır. Benim günah tanımım, bilinçsiz bir insanın yaptığı her şeydir. Bilinçli bir insandan gelen her şey erdemlidir. Bilinçsiz bir insan erdemli bir hareket yapıyormuş gibi görünmeye çalıştığında bile yaptığı şey günahtır. Aynı şekilde, eğer uyanık bir insanın bir eylemi sana günah gibi görünüyorsa onu yargılamak için acele etmemelisin; o bile erdemdir – yaptığı şey erdemlidir. Ondan günah gelemez. Onun günah işlemesi söz konusu değildir. Belki bakış açımı anlarsın. Günah ve erdem seviyesinde değil, ama bilinç seviyesinde –uyuyan bir bilinç ve uyuyan bir ruh, bilinçsiz bir ruh ve bilinçli bir ruh– mesele seviyedir. Her iki durumda da sen sorumlusun, eylemden değil, ama bilinç seviyenden sorumlusun.

Benim farkımı anla. Daha derin bir seviyede değişim yaratmalısın. Yüzeyde hiçbir değişim olmaz. Yapma seviyesinde hiçbir değişiklik yoktur; değişim benliğin özünde, ruh seviyesinde olur.

Bu yüzden biri belirli bir eylemin günah ve başka bir eylemin erdem olduğunu söylediğinde şaşırırım. Eylemler ne iyi ne de kötüdür. Aynı eylem hem bir günah hem de bir erdem olabilir. Bu sadece, bilinçte bir fark olduğunda, bilinç tamamen farklı olduğunda, uyanık bir bilinç, uyuyan bir bilinçle aynı şeyi yaptığında mümkündür. Eylem aynıdır, ama bilinç seviyesindeki farklılıktan, biri günah, diğeri erdemdir.

Eylemler asla günahkâr veya erdemli değildirler; mesele zihin evresidir. Düşünülmesi gereken asıl mesele zihin evresidir. Bunun anlaşılması gerekir. Ancak orada bir devrim, bir dönüşüm, bir değişim gerçekleşebilir.

Bizim seviyemizde, biz belirli bir eylemin günah, bir başka eylemin erdem olduğunu düşünürüz. Bir günahkâr, "Erdemli bir eylem, hayırsever bir eylem yapmama izin ver ki erdemli bir adam olayım," diye düşünür. Sabah akşam günah işler ve sonra bir gün bir tapınak inşa eder. Sonra, "Erdemli bir hareket sergiledim," diye düşünür. Sabah akşam günah işler ve sonra kutsal Ganj Nehri'nde yıkanır. "Kutsal bir şey yaptım," diye düşünür.

Bir keresinde bir adam Ramakrişna'ya sormuş: "Kutsal

Ganj Nehri'nde yıkanırsam tüm günahlarımdan arınır mıyım?"

Ramakrişna çok basit ve düz bir adammış. "Ne diyebilirim?" diye düşünmüş. "Günahlarından arınmayacağını söylesem Ganj'ı kötülemiş olurum. Neden Ganj'a bunu yapayım? Günahlarından arınacağını söylesem bu sahtekâr adam Ganj Nehri'nde yıkanacağını ve günahlarından arınacağını düşünecek – sanki erdemli bir davranışta bulunmuş gibi." Ramakrişna çok basit bir adammış. Kendine sormuş: "Ne yapmalıyım? Çok zor durumda kaldım."

Adama dönmüş, "Kardeşim, günahlar Ganj Nehri'nde kesinlikle yıkanır giderler, çünkü Ganj gerçekten kutsal bir nehirdir. Günahlar yıkanıp giderler, ama sonra kıyıda duran ağaçlara zıplar ve orada beklerler. Sen Ganj'dan çıktığın anda tekrar üzerine yapışırlar. Sonuçta bir noktada nehirden çıkmak zorundasın. Nehirden çıkacaksın; ne kadar kalabilirsin ki? Nehirde olduğun sürece güvendesin. Çıktığın an tekrar üzerine yapışacaklar. Nehirden çıktığında olacakları bir düşün."

Ganj'da yıkanarak ya da bir tapınak inşa ederek ya da birine yardım ederek, sosyal bir hizmette bulunarak, bir hastane inşa ederek, bir okul açarak erdemli bir eylem sergilemenin imkânı yoktur. Bunların hiçbiri erdemli değildir, çünkü senin zihin evren bir günahkârın zihin evresidir. O zihinden gelen tüm eylemler günahkârdır. Dışarıdan öyle değilmiş gibi davranmak hiçbir şeyi değiştirmez.

Aynı şekilde, zihin evresi dönüşmüş bir insanın yaptığı bir şey sana yanlış görünebilir. Gandhi bir buzağıya zehir verdi. Her zaman onun şiddetten uzak bir insan olduğu düşünen koca bir ülke şoka girdi ve günah işlediğini söyledi. Kuşkusuz, durup düşünürsen bir buzağıyı zehirlemek günahtır. Buna kuşku var mı? Gandhi hayvanı neden öldürdü? Sonuçta Gandhi de en az senin kadar zeki bir adamdı. O da bunun günah olduğunu biliyordu. En az senin kadar zekiydi. Gandhi, en az onun günah işlediğini söyleyen insanlar kadar zekiydi. O zaman sorun neydi?

Gandhi'nin eylemi, öyle görünmesine rağmen günah değildi. Gandhi bunu sevgisinden yaptı. İnsanlar Gandhi'ye, buzağıya zehir verdiği takdirde, ülkede ayaklanma olacağını söylediler. Ayrıca hayvanı öldürerek günah işlemiş olacaktı, dolayısıyla cehenneme de gidebilirdi. Gandhi cehenneme gitmenin umurunda olmadığını söyledi; sevgisi ona, buzağının çok acı çektiğini ve kurtarılamayacağını söyledi. Bunun üzerine o da hayvanı öldürme sorumluluğunu üzerine aldı.

"Çok acı çekiyordu; acısını görmeye gönlüm elvermedi, ben de onu öldürme sorumluluğunu alıyorum. Bu kesinlikle günah ve ben de cehenneme gitmeye hazırım. En azından buzağı daha fazla acı çekmeyecek."

Senin şiddetten uzaklığın, Gandhi'nin sevgisi seviyesinde anlaşılamaz. Senin şiddetten uzaklığın, "Sen neden bahsediyorsun?" der.

Krişna Arjuna'ya, öldürmesi ve korkmaması gerektiğini söyledi. "Kimse ölmez ve kimse öldüremez. Kimse ölmez. Birine bir kılıç sapladığın zaman bile ona hiçbir kılıç saplanmaz."

Krişna'nın söylediği kesinlikle doğrudur. Ancak düşünürsen neden söz ettiğini sorgulayabilirsin. Birini öldürürsen ölmez mi? Öldürürsen bu günah değil midir? Krişna'nın söylediği, kimsenin ölemeyeceğidir. Birini öldürmenin delilik olduğu yönündeki düşüncen cehalettir; saçmalıktır. Bu gidip birini öldürebileceğin anlamına gelmez. Ama o bilinç seviyesinde her şey farklıdır. Krişna birini öldürse bile bu günah olmaz.

Ancak eğer senin yardımınla on hasta insan iyileşecek olsa, sen onlara hayatta ikinci şans verdikten hemen sonra bir gazeteye gidip ismini basmalarını istersen bu günahtır. "Ben on kişiyi iyileştirdim." Mesele ne yaptığın değildir. Mesele ne olduğundur.

Mesele ne yaptığın değildir. Mesele ne olduğundur. Bunu düşün: Sen nesin? Eğer bilincin uykudaysa tüm eylemler günahtır. Eğer bilincin uyanıksa hiçbir eylem günah değildir. Benim tanımım şudur: Uyanık bir insandan gelen bir eylem erdemdir ve uykuda olan bir insandan gelen bir eylem günahtır.

Birkaç soru daha var:

> Osho,
> İçimde bir çatışma olduğunu biliyorum. Onu silmek istiyorum, ama bunu yapacak sabrım yok. Ne yapmalıyım?

İlk olarak bir insanın ateşe düştüğünü düşün. Ona ateşten çıkmasını, yoksa yanacağını söylersin. O sana, "Ateşte olduğumu biliyorum, ama zihnim çıkmak istemiyor," derse ne dersin? "Ateşte olduğumu biliyorum, ama zihnim çıkmak istemiyor."

Eğer bu binada yangın çıkarsa bana gelip, "Binanın yandığını biliyorum, ama içimden çıkmak gelmiyor," der misin? Hayır, bana sormak için durmazsın bile. Kimse kimseye sormak için durmaz. Binada kimse kalmaz: Hepiniz ânında dışarı koşarsınız.

Bir çatışma hissettiğini söylüyorsun, ama ben sana henüz hissetmediğini söylüyorum. Aksi takdirde soru sormazdın; o çatışmadan hemen sıyrılırdın. Sen bir çatışma hissetmiyorsun. Evet, biri içsel bir çatışmadan söz ettiğinde, sen de aynı içsel çatışmayı yaşadığını düşünürsün. İnsanlar sana vaaz verir, kitaplar bunu söyler, filozoflar söyler, sen de bir çelişki olduğunu hissedersin. Hissediyor musun? Eğer hissediyorsan çatışmaya hayat veren kim? Sen hissediyorsan onu her gün yaratan kim? Hissediyorsan ondan sıyrılmana engel olan kim?

Sabrın olmadığını söylüyorsun, ama o özlem içinde. İşin aslı şu ki sen içsel çatışmanın ne olduğunu bilmiyorsun. Hiç içselliğini gözlemledin mi? Yoksa bunu sadece kitaplarda mı okudun? Hiç içine dönüp orada ne olduğunu gördün mü? Yoksa kendine dair bir imaj yarattın ve kendini anlamanın bu olduğunu mu düşündün?

Her insanın içinde en az üç kişilik vardır. Biri gerçekte olduğu ve kendisinin hakkında hiçbir şey bilmediğidir. İkincisi olduğunu düşündüğüdür. Üçüncüsü ise insanlara yansıtmak istediğidir. Her birey üç seviyeye bölünmüştür. İlki gerçekte olduğu, ama farkında olmadığıdır. İkincisi olduğunu düşündüğüdür. Üçüncüsü ise başkalarının inanmasını istediğidir. Bu şekilde her birey üç seviyeye bölünmüştür.

Gerçek insan gerçekte kim olduğundur. Sen çok mütevazı olduğunu düşünürsün ama için egoyla doludur. Çok dindar olduğunu düşünüyorsan için dinsizlikte dolup taşar. İnsanlara sürekli hizmet eden bir insan olduğunu düşünüyorsan içten içe herkesin sana hizmet etmesini istiyorsundur. Sen gerçekten de olduğunu anladığın insan mısın? Eğer olduğunu düşündüğün kişide takılıp kalırsan gerçek içsel benliğini asla bilemeyeceksin.

Bir insanın kendini bilebilmesi için önce çıplak kalması gerekir; tüm giysilerinden kurtulması gerekir. Biz yalnızca görünüşte değil, içeride de, zihnimizde de giysilerle dolaşıyoruz. Biz sadece dışarıda çıplak olmaktan çekinmiyoruz, içeride de çıplak kalmak istemiyoruz. Kendimizi, gerçekte kim olduğumuzu tüm çıplaklığıyla görmekten korkuyoruz. Kim olduğumuzu görmemeliyiz, aksi takdirde kendimizden korkarız. Bu yüzden farklı yüzler takınır ve kendimizi pek çok şekilde dekore ederiz. Gerçek içsel benliğimizi görmemek için bir sürü takla atarız.

Bir insanın kendi içsel benliğini tanımak istemesi için önce tüm bu giysilerden kurtulması gerekir. Taktığın maskeleri ve yüzleri çıkarmalısın. O zaman kendini görebilir ve kendini tanıyabilirsin. O zaman çatışmadan sıyrılmak sorun olmaz. Çatışmadan sıyrılmak çok kolaydır, çünkü onu yaratan sensin. Onu oraya bir başkası değil, sen koydun. O zaman çatışmanın tüm sebeplerini net bir şekilde görebilir ve bu sebepleri beslemeyi bırakabilirsin.

Eğer evimin içinde dikenli bir çalının yetiştiğini, dikenlerin tüm eve yayıldığını görsem, onu sulamaya ve beslemeye devam etsem, sonra hayvanların yaklaşmaması için etrafına bir çit örsem, dikenler yayılıp tüm evi zehirlese, yayılmaya devam etseler ve beni endişelendirseler... Sonra ben gidip birine çok zor durumda kaldığımı, çünkü evimde dikenli bir çalının bittiğini ve tüm eve yayıldığını söylesem... O kişi evime gelir de o çalıyı suladığımı, onu gübreyle beslediğimi, hayvanların yememesi ve hiçbir zarar görmemesi için etrafına çit ördüğümü görse sence bana ne der? "Senin derdin ne? Ne yaptığının farkında mısın? Aklını mı yitirdin? Bu lanetlediğin dikenleri besleyip duruyorsun!" demez mi?

Bizler farkında değiliz; dikenleri lanetliyoruz, ama aynı zamanda köklerini suladığımızı bilmiyoruz. Bilmiyoruz, çünkü hiçbir zaman dikenlerle ilgilenip köklerine inmedik.

Dikenlerle ilgilenip köklerine insek kökleri görebilir ve onları sulamayı bırakabiliriz. En nihayetinde çitleri kırarız; çalıyı sulamaktan ve onu gübreyle beslemekten vazgeçeriz ve çalı da kuruyup ölür. Geriye ne kök kalır ne de diken. Bize batan dikenlerdir ve biz köklerine dair hiçbir şey bilmiyoruz. Zihninin derinliklerine in. Ne zaman bir çatışma görsen ona git, içine gir ve çatışmanın yerine ulaş.

Buraya geldiğim gün, genç bir adam ziyaretime geldi ve zihninin çok gergin olduğunu söyledi. Benden onu huzura kavuşturacak bir şeyler söylememi istedi.

"Neden zihnini huzura kavuşturmak istiyorsun?" diye sordum.

"İdari hizmetlerde bir sınava gireceğim. Sınavda birinci olmak istiyorum. Ama birinci olabilmek için soğukkanlı olmam gerek," dedi.

"Bak, eğer köklere su verir ve dikenleri inkâr edersen bu biraz zor olabilir," dedim. "Rekabet hissinin olduğu yerde gerginlik de vardır. Başkalarından önde olmak istediğin zaman, gerginliği sen yaratırsın. Gergin olmak istemediğini söylüyorsun, ama başkalarından önde olmak istiyorsun. Bu çok zordur; çelişkilidir. Sadece sonuncu olmaya razı olan, birinci olmayı önemsemeyen bir insan huzurlu olabilir. Aksi takdirde gerginliği seçmek zorundadır. Neden endişeleniyorsun? Birinci olmak istediğin zaman sonuç gerginliktir; olmak zorundadır. Gergin olacağını kabul et, git ve yarış. Yarışmak istiyor ve aynı zamanda iyi yarışmak için huzurlu olmak istiyorsan burada bir sorun vardır."

İsa der ki: "Sonuncu olma cesaretine sahip olanlar kutsanmış insanlardır. Onlar kutsanmıştır ve Tanrı'nın gözünde onlar birincidirler." Gerçek şu ki sonuncu olma cesaretine sahip insanlar çok azdır. Çok az insan bu cesarete sahiptir. Birinci gelme cesaretine sahip olmanın abartılacak bir yanı yoktur. Bu normaldir; herkes birinci olmak ister. Birinci olma cesaretinin değerli olduğunu düşünme. Bir ülkenin başkanı olmak cesaret gerektirmez, bu çok sıradan bir şeydir. Herkes bir şey olmak ister. Her sıradan insan başkan olmak ister. Neticede sıradan bir insan başkan olur. Bunda bir değer yoktur. Değer, sonuncu olma cesaretini göstermektedir, çünkü bunu yapabilen insan çok enderdir. İsa der ki: "Sonuncu olma cesaretine sahip olanlar kutsanmış insanlardır. Tanrı'nın gözünde onlar birincidirler."

O genç adama dedim ki: "Bir yandan rekabet içindesin ve o rekabeti besliyorsun. Diğer yandan huzurlu olmak istediğini söylüyorsun. Huzursuzluk dikeninin köklerinin rekabette saklı olduğunu bilmiyorsun."

Bunu bir örnek olarak anlattım. Zihnine dön. Zihnine bak; zihnini anla. Nerede zorluk varsa onun altında o zorluğu sulayan insanın sen olduğunu göreceksin. Onu besleyenin sen olduğunu gördüğünde kontrol sendedir. Dikenlerin olsun istiyorsan daha çok su ver; dikenlerin olsun istemiyorsan sulamayı bırak. Bir başkasının kararını kabul etmek zorunda değilsin, bu senin kararındır. İçsel dünyanı tanıyorsan bir başkasına sormana gerek kalmaz.

Ama biz içsel benliğimizi bilmediğimiz için başkalarına sorarız. Kökleri tutmak ve dikenlerden kurtulmak isteriz. Bu da çatışma ve gerilime sebep olur. Çatışmak gerçek bir sorun değildir. Sadece tek bir zorluk vardır: Kimse içsel benliğini tam anlamıyla bilmez. Bu iki şekilde ilerler. Dikenlerden kurtulmak ister ve aynı zamanda kökleri sularsın. İyi nitelikleri pekiştirmek istersin, ama o iyi niteliklerin köklerinin nerede olduğunu bulmak için arama zahmetine girmezsin; iyi nitelikleri dışarıdan kopyalamak istersin. Kötü alışkanlıklardan kurtulmak istersin, ama köklerini göremez ve sulamaya devam edersin.

Dışarıdan ne kadar budarsan buda... Budadığın her şeyin daha güçlü bir şekilde yeşerdiğini unutma – bunu her bahçıvan bilir. Dışarıdan budadığın her şey yoğunlaşır ve kökleri kalınlaşır. Sen dışarıdan budar ve alttan köklerini sularsın. Bu da hayatını huzursuzluğa, sorunlara ve çatışmalara götürür.

Lütfen anlamaya çalış. Sana yardım edebilecek kimse yok, huzurlu olman için sana bir mantra ya da bileğine bağlaman için bir şans bileziği verebilecek kimse yok. "Rama, Rama" diye mırıldanmak huzurlu olmanı sağlamaz; bir tapınağa gidip mumlar yakmak, tanrına ibadet etme ritüellerini gerçekleştirmek sana huzur katmaz; bir yerlere seyahat etmek sana huzuru getirmez. Asla böyle bir çılgınlığa kapılma. Kimse bu şekilde huzurlu olamaz. Huzurlu olmak için tüm içsel çatışmalarını çözümlemek zorundasın. Bu, gerçek spiritüel disiplindir. Kıyafetlerden vazgeçmek ya da kıyafetlerini parlak renklere boyamak gibi suni değişimlerin spiritüel uygulamalar olduğunu düşünme. İnsan bunları yaparak ne huzura ulaşır ne de bilincin saflığına. Hayatın gerçek sorunlarının çözülebilmesi için onlardan kaçmayı düşünme. Sorunlarla yüzleş, onları tanı, onların içine gir, onları bil ve köklerine kadar nüfuz et. Bu bilimdir. Hayat böyle dönüştürülür; hayat böyle yükseltilir. Bir soruna girerek, onun köklerini görerek ve ele geçirerek dönüşüm başlar. O zaman karar çok nettir. Dikenleri tutmak istiyorsan sulamaya devam et; dikenleri tutmak istemiyorsan sulamayı bırak. Bu kadar basit. Gerçekten bu kadar basit.

Bu biraz çaba gerektirecektir. İçe dönmek için çaba göstermek zorundasın. İçe dönmek için biraz cesaret göstermek zorundasın. İnsanlar bilmedikleri ülkelere seyahate çıkarken kendi içlerine dönerkenki kadar korkmuyorlar ve bu korkunun da bir sebebi var. Sahte bir yüz takınmalısın. İçe dönmeye başladığında tüm yapın dağılacak ve orada gördüğün insan dehşet verecek.

Bir insan kutsal bir adam gibi oturur ve binlerce insan onun kutsal biri olduğuna inanır. O insan nasıl içe dönsün? İçe dönerse Şeytan'la karşılaşacak, endişesi bundan. İçe nasıl dönsün? İçe dönerse orada bir günahkâr bulacak – oysa dışarıda kutsal bir insan. Bu yüzden içe dönme mevzuunu kapatmaya karar verir. O bir şekilde dışarıda kalmalı ve zamanın bu şekilde geçmesini sağlamalıdır. Dışarıda kalmanın yollarını bulur. Bu yüzden hepimiz dışarıda kalmanın yollarını buluruz. İçe dönmekten korkarız çünkü içe döndüğümüzde korkarız. Eğer içimizdeki çatışmayı gerçekten sonlandırmak istiyorsak o çatışmanın özüne inmeliyiz.

Söylediklerimi bir şekilde anladığını umuyorum. Eğer bu konuda başka soruların varsa onları sabah alacağım.

Bir sürü soru aldım. Bazıları yanıtsız kaldı. Bazılarıysa yanıtsız kalmalı, çünkü ben kimim ki tüm sorularınızı yanıtlayayım? Kimse tüm soruları yanıtlayamaz. Ben sizin sorularınızı yanıtladığım zaman bile sorularınızın yanıtlandığını düşünmemelisiniz. Ben sadece kendi bakış açımı paylaşırım. Belki siz de o bakış açısını yakalayabilirsiniz.

Belirli bir soru ve o sorunun cevabı o kadar değerli değildir. Bir soru bir sorudur ve bir cevap sadece cevaptır. Kendi içlerinde çok değerli değildirler, ama o yanıtı vermek için seçtiğim anlayış değerlidir. Yanıta takılma; ben senin, hayata baktığım açıya, anlayışa, pozisyona dair bir his edinmeni tercih ederim. Eğer o anlayışa dair bir şeyler kazanabilirsen yanıtı bulmuşsundur – sadece yanıtladığım soruların değil, yanıtlamadıklarımın yanıtını da bulursun.

Benim anlayışımı göremiyorsan o zaman benim adıma kendin için bir yanıt hazırlasan iyi edersin. Bu, soruların çocuklara verildiği ve onların da çalışıp yanıtları yazdığı bir okul sınavı değildir. Hatta yanıtları hazırlamak ve sonrasında kâğıda yazmak da gerçek bir eğitim değildir. Bu sahte eğitimdir – ama şimdilik bu konuyu bir kenara bırakalım.

Hayatta cevaplar öğrenemezsin, sadece bakış açıları öğrenebilirsin. Burada gösterdiğim tüm çaba, sana ezberleyebileceğin hazır bir formül vermek için değildir. Bu durumda kendimle çelişiyor olurdum, çünkü bu tam da karşı olduğumu söylediğim şeydir. Sen zaten bir sürü hazır formül biliyorsun. Onlardan kurtul. Hayata bakmak için farklı bir yaklaşımı anlamaya çalış. Eğer bu algı kalitesini yakalayabilirsen o zaman yanıt benim yanıtım olmaz, yanıtı veren senin algın olur. Sadece içsel algından gelen yanıt gerçek yanıttır. Diğer tüm yanıtlar anlamsızdır.

Ne söylediğimi anladığını düşünüyorum. Beni sevgiyle dinliyorsun. Söylediğim birkaç şeyin yutulması zor olduğunu düşünebilirsin. Hatta birkaçı değil, çoğu öyledir belki. Öyle bile olsa beni sevgiyle dinledin; bu da bana merhametle yaklaştığını gösterir. Söylediğim kabul edilmesi zor şeyleri bile bana duyduğun şefkatle dinledin. Eskiden olsa beni taşlarlar, hatta daha kötüsünü yaparlardı. Dünya biraz daha iyi bir yere dönüştü; insanlar biraz daha iyi; sevgiyle dinliyorlar. Bu çok büyük bir iyilik.

Varoluş, dünyayı daha iyi bir yer yapmak için gayret gösteriyor. Aksi takdirde bu kadarını söylemek bile zor olabilirdi;

beni ensemden yakalardın. Sen bana böyle şefkatle yaklaştığında, ben de sana minnet duyuyorum. Kabul edilmesi zor düşüncelerimi bile sessizce dinledin. Varoluşun hatırına, lütfen biraz kafa yor ve onları düşün. Onlara asla inanma; onları düşün ve anlamaya çalış. Böyle bir yaklaşımın senin için doğru olduğunu hissettiğin gün, o gün içinde bir kapı açılacak. O kapı senin olacak. Benim değil. O anda kendine ait bir şey göreceksin. Bana ait değil.

Tüm bunları, belki birinin bir yerlerde hazır olması ve içinde bir kapının açılması umuduyla söylüyorum. Bir düğüm biraz gevşeyebilir; bu bile çok önemlidir.

Beni böyle sevgiyle dinlediğiniz için minnettarım. Lütfen hürmetlerimi içinizdeki tanrısallığa kabul edin.

BÖLÜM 4

Zihnin Boşluğu

Bugün zihnin boşluğunu konuşacağız. Bizim hayat diye bildiğimiz şey hayat değil. Bizim hayat olduğuna inandığımız şey –yaşar ve sonra ölürüz– hayat değildir. Çok az talihli insan hayatı deneyimler. Hayatı deneyimleyebilen insanlar için ölüm yoktur. Ölüm ve ölüm korkusu olduğu sürece, sen sona yaklaşmaktan korktuğun sürece, yok olmaktan korktuğun sürece, hayatla bir olmadığını, hayatla temas içinde olmadığını bildiğin sürece hayatı deneyimlemezsin.

Bugünkü seansa küçük bir hikâyeyle başlamak isterim. Bu hikâyeyi pek çok kez, ülkenin farklı bölgelerinde bir sürü insana anlattım, bir kez daha anlatmak isterim. Çünkü bu hikâyede herkesin bilmesi gereken bir şey olduğunu hissediyorum.

İsa bir yolculuğa çıkmış. Edindiği şeyleri insanlarla paylaşıyormuş. Bu, mutluluğun doğasındadır; eğer bir şey edinirsen onu koşulsuzca paylaşırsın. Acılar insanı küçültürken mutluluk büyütür, genişlemesini sağlar. Acıda insan kendine dönmek ister; mutlulukta insan herkese ulaşmak, yayılmak ister. Bu yüzden buna *brahman* deriz. Acı, egonun ekstremidir; mutluluk başkalarını önemseyen evrenin ekstremidir, her zaman genişleyen *brahman*'ın ekstremidir.

Buda, Mahavira ve İsa'nın acı çekerken ormana sığındıklarını fark etmiş olabilirsin. Mutluluğu yakaladıktan sonra insanların arasına karıştılar. Mutluluk paylaşılmak ister, acı ise kapanmak. Acı kendi içine kapanmak ister, mutluluk başkalarına yayılmak.

İsa mutluluğa eriştiğinde bunu başkalarıyla paylaşmak için yola koyulmuş. Sabahın erken saatleriymiş ve bir köye gidiyormuş. Kıyıda balık tutan bir balıkçı görmüş; balıkçı göle ağ atmış, balığın gelmesini bekliyormuş. Arkasında kimin durduğunun farkında değilmiş. İsa ona yaklaşmış, elini omuzuna koymuş ve sormuş: "Arkadaşım, bana bak. Daha ne kadar balık tutacaksın?"

Tıpkı İsa gibi ben de elimi herkesin omuzuna koymak ve onlara aynı soruyu sormak isterdim: "Daha ne kadar balık tutacaksın?" Ha ekmek tutmuşsun ha balık, ne fark eder? Hepsi aynıdır. Çoğu insan hayatını balık tutarak geçirir.

İsa ona sormuş: "Daha ne kadar balık tutacaksın?"

Adam arkasını dönmüş; o âna kadar göle bakıyormuş ve şimdi önünde duran adamın gözlerine bakmış. O gözler gölden daha derinmiş. "Göle attığım ağdan kurtulmalı ve bu gözlere ağ atmalıyım," diye düşünmüş adam. Ağı hemen bırakmış ve İsa'nın peşinden gitmiş. "Seninle geleceğim. Balıktan başka yakalayacak bir şey varsa ben onu yakalamaya hazırım. Bu ağı burada bırakıyor ve bu balıklardan vazgeçiyorum."

Dindarlık arayışındaki her insan bu cesareti gösterebilmelidir. Zamanı geldiğinde ağdan ve balıktan vazgeçmeyi bilmelidir.

Adam İsa'yı takip etmeye başlamış. Köyün yakınlarına varmışlar ki bir adam koşarak balıkçının yanına gelmiş ve "Nereye gidiyorsun? Hasta baban dün gece vefat etti. Hemen eve gelmelisin. Her yerde seni aradık," demiş.

Genç balıkçı İsa'nın yanına gitmiş. "Beni bağışla, geri dönüp babamın cenazesine katılmalıyım. Birkaç güne geri döneceğim."

İsa balıkçının elini tutmuş ve "Gel benimle," demiş. "Ölülerin ölülerini gömmesine izin ver. Köydeki ölü insanlar ölülerini gömer. Sen benimle gel. Köyün büyük bir bölümü, ölü insanlar ölüyü gömsünler. Senin geri dönmene ne gerek var?"

İsa çok tuhaf bir şey söylemiş, aynı zamanda çok anlamlı. Kuşkusuz hayatla temas içinde olmayanlar ölüdür. Biz hayat hakkında hiçbir şey bilmiyoruz. Bizim hayat dediğimiz şey kademeli ölümdür. Gerçek hayat değildir. Doğduğumuz gün ve öldüğümüz gün ve ikisinin arasında kalanlar hayat değildir; buna sadece kademeli ölüm denebilir. Biz her gün ölüyoruz. Bizim hayat dediğimiz şey her gün ölmektir. Bu, kademeli ölümdür.

Ölüm ani bir oluşum değildir; doğduğumuz gün başlar. Doğduğumuz gün aynı zamanda öldüğümüz gündür. Daha o günden ölmeye başlarız. Doğduğumuz an ölüm başlar. Ölüm giderek büyür ve bir gün tamamlanır. Tamamlandığı gün ölümün geldiğini söyleriz. Ölüm her gün geliyordu;

yoksa nasıl aniden gelebilir ki? Ölüm her gün geliyordu ve bir gün tamamlandı. Doğum ölümün başlangıcıdır ve ölüm ölümün tamamlanmasıdır. Ne doğum hayatın başlangıcıdır ne de ölüm hayatın sonu. Hayat doğumdan önce de vardı, ölümden sonra da olacak. Sadece doğum ve ölüm arasında yaşayanlar canlı değildir. Sadece hayatla bağını doğumdan önce ve ölümden sonra koruyanlar canlıdır. Gerçek dindarlık hakikati keşfetmekle, insanın kendisini asla doğmayan ve asla ölmeyenle buluşturmasıyla ilişkilidir.

O hayata doğru ilerlemek için atılması gereken iki adımdan söz ettik. İlk adımda, tüm kutsal kitaplardan, tüm teolojilerden ve tüm düşüncelerden kurtulmaktan söz ettim. Kitapların ağırlığı altında kalmış bir zekâ kendi bireyselliğine erişemez. Başkalarının düşünceleri altında kalmış bir zekâ asla kendi düşünce gücünü uyandıramaz. Başkalarının anlayışlarının –Mahavira, Krişna veya Rama olsun– kendi anlayışları olduğunu düşünen bir zekâ kendi anlayış zenginliğini ne gerçekleştirebilir ne de fark edebilir. Bu yüzden sana, nereden gelirlerse gelsinler, tüm düşüncelerden özgür olmanı söyledim. İster büyük insanlardan, ister kutsal kitaplardan, isterse diğer dini kitaplardan gelsinler, fark etmez; bu düşünceler sana yabancıdır. Bu düşüncelerin kendi düşünceleri olduğuna inanarak yaşamaya çalışan her insan düşünme becerisinden yoksun kalır – oysa bu beceri her zaman onun içindedir ve ortaya çıkmayı bekler. Dışarıdan gelen düşünceler, bu becerinin ortaya çıkmasına izin vermezler. Bir insanın kendi düşünme gücünün uyanabilmesi için o kişinin düşüncelerden yoksun olması gerekir. Bir insanın kendi anlayış zenginliğini bilmesi için başkalarının anlayış zenginliğinden kurtulması gerekir.

Bu doğaldır, başkalarının anlayış zenginliğini kendi

zenginliğimiz gibi kabul ettiğimizde, kendi zenginlik arayışımızın sona ermesi doğaldır. Bazı insanlar kendilerini kutsal metinlere, hakikat hakkındaki teolojilere ve doktrinlere öyle çok kaptırırlar ki kendi arayışları durur; hiçbir yere varmaz.

Daha önce söylediğim gibi hakikat arayışında olmak istiyorsan bunu kendinin yapman gerektiğini unutma. Bunu kimse bir başkasına veremez. Hakikat aktarılabilen bir şey değildir. Hakikat, bir elden diğerine verilebilen bir şey değildir. Eğer aktarılabilseydi şimdi herkes ona sahip olurdu. Hakikat verilmez; hakikate erişilir. İnsan hakikate kendisi erişmelidir. Sadece kendi gayretleriyle erişebilir. Başkalarının gayretlerine inanan insanlar hayatlarını boşa harcarlar. Onlar hiçbir şeye erişemezler. Bu yüzden sana kendini başkalarından kurtarmanı söyledim. Ancak bu şekilde zekân ve zihnin özgür kalır. Zihni esaret altında olan bir insan hakikati nasıl bilebilir? İlk adımda bu konuya detaylı bir şekilde değindim.

İkinci adımda, zihnin sadeliğinden söz ettim. Sadelikten kastım daha az kıyafet giyerek ya da daha az yemek yiyerek sade olacağın ya da evinden ve eşyalarından vazgeçerek sade bir yaşam süreceğin değildir. Sadelik çok derin bir şeydir. Sadeliğin bu önemsiz şeylerle ilgisi yoktur. Çok karmaşık insanlar, çelişkili, karmaşık zihinleri olan insanlar da giyimlerini değiştirip daha sade hayatlar sürebilirler. Karmaşık bir insan bile kendisine böyle bir sadelik dayatabilir. Bu sadeliğin hiçbir değeri yoktur.

Sadelikten kastım, zihnin tüm çelişkilerden kurtulması, zihindeki parçalanmanın kaybolması ve zihnin entegre olması gerektiğidir; zihin bütün olmalıdır. İçinde birden fazla insan olmamalıdır; içinde tek bir birey doğmalıdır. Sen bir birey olmalısın. İçinde tek bir nota kalmalıdır. İçinde sevgi varken geride nefret olmamalıdır. Sevgiyi ve nefreti yan yana tutan bir insanın zihni sade olamaz. Huzuru ve gerginliği yan yana tutan bir insanın zihni sade olamaz. Eğer ikisinden sadece biri kalırsa zihin sade olabilir. Geriye sadece huzursuzluk kalırsa zihin sade olur; sadece huzur kalırsa zihin yine sade olur.

Bir insan, içinde en ufak bir huzur kırıntısına yer kalmayacak kadar gerginse bir devrim olur, biliyor musun? O kadar gerginlikle devrim olur. Gerginliğin zirvesine ulaşırken o noktada, her şey aniden kaybolur ve zihin aniden huzura ulaşır.

Bu, tıpkı ok fırlatmaya benzer; yayı geri çekersin. Ok ileri atılmalıdır, ama sen yayı geri çekersin. Olması gerekenin tam aksini yapıyor gibi görünürsün. Biri sana oku ileri atman gerektiğini söyleyebilir, ama sen yayı geri çekersin. İleri göndermen gerekiyorsa ileri itersin; neden geri çekesin? Neden tam tersini yapasın? Ama okçu yayını geri çeker. Sonra daha fazla geri çekemeyeceği bir nokta gelir. Nihai geri çekme noktasına ulaşılmıştır ve yay bırakılır. O anda, geriye kadar çekilen ok aksi yönde ilerlemeye başlar. Aynı şekilde, eğer zihin tamamen gerginse nihai gerginlik noktasına ulaştığı anda ok fırlatılır ve zihin huzur yönünde ilerler.

Son derece gergin insanlar mutludur, çünkü huzur onlarladır. Ama biz her zaman aradayız, tamamen gergin değiliz.

Biraz memnun ve biraz huzurluyuz. Bu zihin vasattır, zordur; bu zihin karmaşıktır. İkisine de sahiptir. Huzur ve gerilim vardır; sevgi ve nefret vardır; diğer her şey vardır. Bu ikililik, hakikate doğru ilerlememize izin vermez. Yalnızca zihin tamamen sessizleştiğinde, hakikat deneyimlenebilir.

Devrim hep uç noktalarda yaşanır. Hiçbir devrim ortada yaşanmaz. Vasat, orta karar insan her zaman hakikatten uzak durur. Devrim ekstremlerde yaşanır. Ekstrem acılar bir insanı acıdan kurtarır – ama biz asla ekstrem acılar yaşamayız. Biz her acıyı unuturuz, her zaman acıyı açıklamanın bir yolunu buluruz.

Birinin oğlu ölmüştü. Adam bana geldi ve "Çok acı çekiyorum," dedi.

"Daha çok acı çek," dedim, "bütünüyle acı çekersen o zaman dönüşüm gerçekleşecek."

"Hayır," diye yanıtladı ve sordu: "Bana oğlumun ruhunun ölümlü olup olmadığını söyler misin?"

"Acını hafifletmek için oyunlar icat ediyorsun," dedim. "Eğer biri seni yeniden dirilişin mümkün olduğuna inandırırsa –oğlun ölmedi, endişelenecek bir şey yok, onun ruhu ölümsüzdür, başka bir yerde yeniden doğdu bile– zihnin huzur bulacak. Acıların tam ortada duracak ve dönüşüm olmayacak. Sen acıyı bitireceksin. Bir çıkış yolu bulacaksın."

İnsanlar sürekli reenkarnasyonun gerçek olup olmadığını sorarlar. Bunu, reenkarnasyona meraklı oldukları için sormuyorlar tabii. Soruyorlar, çünkü her gün ölen insanlar görüyorlar ve bir gün kendileri de ölecekler, korkuyorlar. "Yeniden diriliş diye bir şey var mı?" diye soruyorlar. Eğer onları buna inandırabilirsen ayaklarına kapanıyor, sana senin müthiş biri olduğunu, büyük bir aziz olduğunu söylüyorlar. "Beni huzura kavuşturdun," diyorlar.

Bunu soran insan huzura kavuşmamıştır. Sadece ödün vermiştir. Ölümle yüzleşerek acıyı sonuna kadar yaşamak varken o acıdan kaçmıştır. O acı onda bir devrim yaratabilirdi. Reenkarnasyon doktrini hiçbir dönüşüm yaratmaz.

Yaşamlarımızda biz her zaman ortada dururuz. Hiçbir şeyin ekstreme ulaşmasına izin vermeyiz. Ben sana, "Öfkeli olmak zorundaysan tamamen öfkeli ol. Gözlemle, o öfke krizinden bir devrim doğacak. Mutlak öfke noktasında, öfkenin kaybolduğunu fark edeceksin," derim. Buharlaşmanın ekstrem noktaları vardır. Suyu ısıtırsın: Yüz derecede buharlaşır. Elli derecede durursan su ne su olarak kalır ne de buhara dönüşür. Arada kalır.

Tüm yaşam kuvveti tek bir noktada merkezlendiğinde ve ikililik evresi sona erdiğinde sadeliğin nasıl doğduğundan bahsetmiştim. Bugün sana üçüncü adımdan söz etmek istiyorum. Eğer özgürleşen zihin, sadeleşen zihin bir de boş olabilirse... Sadeliğin, özgürlüğün ve boşluğun birliğiyle zihinsizlik evresine ulaşılır. Zihin nasıl boş olabilir? Boşluk ne demektir? Boşluğun anlamı nedir? Boşluk...

Biz kendimizle doluyuz. Biz "Ben" ve egomuzla doluyuz. Onu saplantı haline getirdik. Bir bak, dene. Sabah uyandığında egoyla karşılaşırsın; giyinirken egoyla karşılaşırsın; yürürken de. Bir ev inşa ettiğinde amaç sadece barınak değildir. Ego da oradadır. Öyle bir ev inşa edersin ki komşundan daha iyi görünürsün. Giysileri sadece bedenini örtmek için giymezsin. Burada da ego vardır; onları başkalarının daha silik görünmesini sağlamak için giyersin. Gün boyunca yaptığın her şey egonu gösterir.

Bunun bir sınırı da yoktur. İnsan egosunu şişirmek için daha zengin olur. Sonuçta zengin olmanın başka ne çıkarı olabilir ki? Evet, para faydalıdır, bunu hepimiz anlayabiliriz, ama zenginliği artık fayda sağlamasının mümkün olmayacağı noktaya kadar biriktirenler vardır. Daha dün konuşuyorduk...

Çok zengin bir adam ölmüş. Amerika'nın en büyük zenginiymiş. Geride üç milyar dolarlık bir mal varlığı bırakmış. Üç milyar dolarla ne yaparsın? Elbette para faydalıdır – yemek alırsın, giysi alırsın – hayatını sürdürmen için faydalıdır. Ama üç milyar doların nasıl bir faydası olabilir? Şimdi daha çok şaşıracaksın: Adam mutsuz bir adam olarak ölmüş, çünkü hedefi on milyar dolarmış. "Sadece üç milyar dolar mı birikti?"

Adam ölürken biyografi yazarı yanındaymış ve yazar ona, "Bayım, çok mutlu bir adam olarak ölüyor olmalısınız," demiş. Zengin adam yanıtlamış: "Mutlu mu? Hedefim on milyardı, ama ben sadece üç milyar dolar kazanabildim. Ben hedefime ulaşamadan hayat sona erdi."

Emin ol, eğer on milyar doları olsaydı hedefi yüz milyar olacaktı ve o zaman, "Sadece on mu?" diye soracaktı. Tıpkı cebinde on rupi olan bir adam gibi; o sadece on rupisi olduğunu söyler. On milyarı olan insan da aynı şeyi söyler: "Sadece on milyar mı?"

Ne faydası var? Belirli bir noktadan sonra paranın faydası sona erer ve egoya olan faydası devreye girer. O noktada paranın egoyu şişirmek dışında hiçbir pratik faydası yoktur. "Ne kadar çok şeye sahip olursam o kadar büyük bir insan olurum." "Ben" giderek büyür, giderek güçlenir. Ego arayışından başka daha yüksek bir pozisyon arayışı var mı? Hayatta birinci olmak ego arayışı değilse nedir? Zenginlik arayışının da ego arayışı olduğunu ve hatta genelde her şeyden feragat etmenin de bir ego arayışı olduğunu bilmek seni şaşırtabilir. Eğer çok şeyi olan bir insan her şeyden vazgeçerse o da nelerden vazgeçtiğini anlatır durur.

Bir keresinde bir rahibi ziyaret etmiştim. Sürekli bana, "Biliyor musun, milyonlarca rupiden vazgeçtim," derdi. Bunu üç veya dört kez duyduktan sonra ona, "Zenginliğinden vazgeçeli ne kadar oldu, sorabilir miyim?" dedim.

"Yaklaşık yirmi sene," diye yanıtladı.

Biraz şaşırdım. "Yirmi sene geçti ve sen hâlâ unutmadın. Anlaşılan o ki olması gerektiği gibi vazgeçmemişsin. Şimdi hatırlamana ne gerek var? Neden hâlâ milyonlarca rupiden vazgeçtiğini hatırlıyorsun? Şimdi milyonlarca rupiden vazgeçmiş olmakla yükselen aynı eski küstahlık, aynı eski ego, aynı 'Ben' değil mi? Eğer öyleyse o yirmi yılı boşa geçirmişsin. Sana hiçbir faydası olmamış. Görünüşe bakılırsa zenginliğinden olması gerektiği gibi vazgeçmemişsin. Hatıralarında hâlâ milyonlarca rupiden vazgeçtiğini hatırlıyorsun. O para senin için bugün bile kıymetli."

Yanında taşımadığın paranın ne gibi bir değeri olabilir? Nasıl bir faydası olabilir? Yani eğer bir insan yanında bir milyon rupi taşıyorsa onun için bir faydası olduğunu düşünebiliriz. Bir adam milyonlarca rupiden vazgeçtiğini söylüyor ve yanında hiç para taşımıyor. O anda yanında taşımadığın parayı hatırlamanın ne faydası var? Bunun da bir faydası var. Bir kullanım alanı var; o da egoyu şişirir.

"Ben mi? Ben milyonlarca rupiden vazgeçtim. Ben hâlâ milyonlarına tutunan insanlardan daha iyiyim."

Bu yüzden bir rahibin sıradan bir insandan daha üstün olduğunu düşünürüz. Çünkü o vazgeçer. Eğer bir rahip kendisinin bir başkasından daha üstün olduğunu düşünmeye başlarsa bu yanlıştır, çünkü o zaman o da sıradan bir insana dönüşür. O aynı eski adam olur, çünkü ego bir kez daha zekâsının merkezine oturmuştur. Dolayısıyla mesele sadece zenginliğe ve mevkiye sahip olmak değildir, aynı zamanda zenginlikten ve mevkiden vazgeçmektir. Mesele neye sahip olduğun değil, onunla egonu besleyip beslemediğindir. Sahip oldukların ve sahip olmadıkların, her ikisi de egoyu eşit derecede güçlendirebilir. Eriştiklerin ve vazgeçtiklerin egoyu şişirebilir.

Boşluk egodan yoksun olmak demektir. Bu yüzden dünyevi zenginliklerden feragat etmenin gerçek bir vazgeçiş olduğunu düşünmüyorum. Evinden vazgeçmenin vazgeçiş olduğunu düşünmüyorum. Pozisyonundan vazgeçmek vazgeçiş değildir. Çünkü tüm bu şeylerden vazgeçme eylemi de o şeylerin kendisi ile aynı amaca hizmet edebilir. Benim vazgeçiş dediğim tek şey, egodan vazgeçiştir. Ben başka hiçbir şeye vazgeçiş demem. Bunu doğru anla, çünkü ne yapacaksın? Bunca zaman sana egonun kötü, günah olduğu ve bırakılması gerektiği öğretildi. Ne yapacaksın? Egonun kötü olduğunu anlasan bile ne yapacaksın? Egoyu bırakmak için uğraşacak, bırakman gerektiğini düşüneceksin. Bu da müthiş bir deliliğe dönüşecek. Egoyu kim bırakacak? Egonun kendisi, aynı eski "Ben". İşte o zaman aynı hatayı yapacaksın ve kendi kuyruğunu yakalamaya çalışan bir köpek gibi yaşayacaksın. Köpek zıplar, kuyruk da zıplar; köpek tekrar zıplar. Kuyruğunu yakalayamamak onu çok şaşırtır. Sorun ne? Yakalayamadıkça daha hızlı koşmaya başlar ve yakalaması giderek zorlaşır. Bir köpek kendi kuyruğunu yakalayamaz ve bir ego egoyu yok edemez.

Pek çok insan egoyu yok etmek ister. Ne kadar çok denerlerse ego o kadar sinsileşir, çünkü ego geriye doğru gitmeye başlar. Yüzeydeki bir ego, derinlerde saklanan bir egodan daha iyidir. Derinlerdeki ego çok tehlikelidir. Yüzeydeki ego görünebilir; derinlerdeki görünmez. Sinsi sinsi ilerler.

Sıradan bir insan, aziz ve kutsal insanların sahip olduğu sinsi egoya sahip değildir. Bu yüzden dünyanın tüm rahipleri başka bir rahiple görüşmekten çekinir. Aralarında bir duvar vardır. Nasıl bir duvar? Ev sahiplerinin evlerinde duvarlar vardır, bunu anlamak zor değildir. Evleri bile olmayan azizlerin nasıl duvarları vardır? Ev sahiplerinin ev duvarları vardır.

Komşuyu nasıl görsünler? Arada duvar vardır. Peki azizlerin nasıl duvarları vardır?

Azizlerin daha sinsi duvarları vardır, ego duvarları. Çamur ve taştan yapılan bir duvarı yarım saatte indirebilirsin, ama ego duvarlarını yıkmak birden fazla ömür gerektirir. Onlar seni çok sinsi bir şekilde ele geçirirler.

Ego doğrudan yok edilemez. Hayatını egoyu doğrudan yok etmeye adayan bir insan hata yapar. Ego bu çaba karşısında sinsileşir, bilinçaltına sızar ve derinlerde saklanır. Kişi dışarıdan egoyu görememeye başlar, kökleri derinlere iner. Sonunda tüm ruhunu ele geçirir.

Sana küçük bir hikâye anlatmama izin ver. O zaman, egosuz bir insan derken ne demek istediğimi anlayacaksın. Sana egosuzluğun nasıl olabileceğini açıklayacağım ve sonra boşluğu anlayacaksın.

Bu yaşanmış bir olaydır...

Genç bir *sannyasin* bir süredir köyün dışında yaşıyormuş. Yakışıklı bir delikanlıymış. Pek çok insan onu sever, sayarmış. Herkes ona hürmet edermiş ve düşünceleriyle insanları etkilermiş. Görüşleri çok devrimciymiş ve yaşamı çevresine güç yayarmış. Bir gün ansızın her şey değişmiş. O güne kadar ona saygı duyan köylüler kulübesini ateşe vermişler; ayaklarına kapanan aynı köylüler ona taş atmışlar ve ona hürmet eden aynı köylüler ona hakaret etmeye başlamışlar.

Bu sık sık olur. Herhangi bir gün, sana saygı duyan insanlar, sana hakaret ederek intikam alırlar. Sana saygı duyan insanlardan korksan iyi edersin, çünkü bir gün bunun intikamını alırlar. Sana o saygıyı vererek egoları incinir. Sana saygı göstererek bir başkasının kendilerinden daha yüce olduğunu kabul etmiş olurlar. Bu onları derin bir seviyede incitir ve bir gün bunun intikamını alırlar. En ufak bir bahane onlara intikam almak için sebep verir. Sana saygı gösteren insandan kork, çünkü o seni her an aşağılama potansiyeline sahiptir. Seni her an yerin dibine sokabilir. Her an o saygının intikamını alabilir.

Bir keresinde bir adam gelip ayaklarıma kapandı. Ona, "Ayaklarıma kapanma, bu tehlikelidir," dedim. "Nesi tehlikeli?" diye sordu. Tehlike şu ki o her an bunun intikamını almak isteyebilir. Bugün ayaklarıma kapanır, yarın bir fırsatını yakalasa eline bir sopa alıp kafamı kırar.

Köylüler bu adama saygı gösterirlermiş. Sonra bir sabah onu aşağılamaya başlamışlar. Meğer köydeki bir kız doğum yapmış ve bebeğinin babasının genç *sannyasin* olduğunu söylemiş. Bunun üzerine köylüler de genç adama saldırmaya başlamışlar. Onların bu adama saldırması son derece doğalmış. Neden olmasın ki? Köylülerin yaptığı doğruymuş. Çocuğu alıp *sannyasin*'e gitmişler. Genç *sannyasin* sormuş: "Neler oluyor? Tüm bunlar da ne?"

"Bir de bize mi soruyorsun?" demiş köylüler. "Şu bebeğin yüzüne bak ve bize neler olduğunu anlat. Sen neler olduğunu çok iyi biliyorsun. Sen bilmezsen kim bilecek? Bu çocuk senin."

Sannyasin yanıtlamış: "Öyle mi? Bu çocuk benim mi?"

Çocuk ağlamaya başlamış ve genç *sannyasin* onu sakinleştirmeye, ağlamasını dindirmeye çalışmış. Bir süre sonra köylüler bebeği orada bırakıp gitmişler. Hâlâ sabah saatleriymiş. *Sannyasin* bebeği de yanına almış ve her gün yaptığı gibi yemek dilenmek için köyün yolunu tutmuş – ama artık kim ona sadaka verecekmiş? Saygı duyarken sana milyonlar veren insanlar, sana bir parça ekmek bile vermeyerek seni aşağılarlar. Kim ona ekmek verecekmiş? Nereye gitse kapılar yüzüne kapanmış. Hangi kapıyı çalsa insanlar ona gitmesini söylemişler. Bir insan kalabalığı da onu takip etmeye başlamış.

Belki de yeryüzünde hiçbir *sannyasin* kucağında bebekle dilenmek zorunda kalmamıştır. Çocuk ağlıyormuş ve *sannyasin* dilenmeye devam etmiş. Çocuk sürekli ağlıyormuş, *sannyasin* ise eskiden ona saygı ve sevgiyle yaklaşan insanlara gülmüş. Sonra bebeği doğuran kadının evine gitmiş. Orada artık dayanamamış ve seslenmiş: "Lütfen benim için endişelenme, ama en azından açlıktan ağlayan bu bebeği düşün. Her şey için beni suçlasan bile bu çocuk masum. Onu neden cezalandırıyorsun? Lütfen ona biraz süt ver."

Kadın bebeğini bu halde görünce daha fazla dayanamamış. Babasına, "Lütfen beni bağışla. Sana yalan söyledim. İnsanlara "ben bu *sannyasin*'i hiç tanımıyorum. Gerçek babayı bu utançtan kurtarmak için suçu bu *sannyasin*'e attım. Onu biraz azarlayıp bebeğimi geri getireceğini düşündüm. Bu işin buralara geleceğini tahmin edemedim," demiş.

Köy halkı olup bitenden endişe etmiş. Büyük bir hata yaptıklarını fark etmişler. Hemen koşup *sannyasin*'in ayaklarına kapanmışlar ve kucağındaki bebeği almışlar.

Sannyasin, "Neler oluyor? Ne yapıyorsunuz?" diye sormuş.

"Bu çocuk senin değil," demişler.

"Öyle mi? Bu çocuk benim değil mi? Bu sabah benim olduğunu söylemiştiniz?"

Adam egosuzmuş. İnsanlar, "Sen deli misin?" demişler. "Neden sabah bu çocuğun senin olmadığını söylemedin?"

"Ne fark ederdi?" demiş *sannyasin*. "Çocuk birinin çocuğu; benim de olabilirdi, yani bir babası olmalı. Beni zaten aşağıladınız, şimdi gidip bir başkasını aşağılayacaksınız. Ne faydası var? Benim evimi yakıp yıktınız, şimdi gidip bir başkasının evini daha yakacaksınız. Ne gerek var? Artık ne fark eder? Her şey olup bitti. Ben, bana olan saygı ve sevginizin gerçekte ne kadar derin olduğunu öğrendim. Ve söylediğiniz sözlerin ne kadar değerli olduğunu biliyorum. Tüm bunların yaşanması iyi oldu. O bebek bana büyük bir iyilik yaptı. Artık bazı şeyleri daha iyi görebiliyorum."

Köylüler, "Sen delirmişsin!" demişler. "Eğer bize çocuğun senden olmadığına dair en ufak bir ipucu verseydin bunların hiçbiri yaşanmazdı."

Sannyasin, "Ne fark edecekti? Benim için yakıp yıkılan sadece sizin saygınız oldu. Ben saygı için mi rahip oldum? Saygınlık için, sırf sizin saygınızı kazanmak için mi rahip oldum? Ben rahip olduğumda, sizden saygı veya saygısızlık alma potansiyelimden vazgeçtim. Sizin saygı ve saygısızlığınıza göre yaşasaydım nasıl bir rahip olurdum?"

Gerçekte, içten içe "Ben" hissine sahip olmayan insan bilgedir. "Ben" hissi doğrudan gitmez, dolaylı yollardan gider. Peki nasıl? "Ben" hissini dağıtmak için içsel disiplinin ilk adımı "Ben kimim?" diye sormak, bu "Ben"in nerede olduğunu aramaktır.

Raman Maharshi kendine, "Ben kimim?" diye sorman gerektiğini söyler. Ben sana bunu sormanı söylemiyorum. Ben sana, "Ben neredeyim?" diye sormanı söylüyorum. Zihnine bak, "Ben neredeyim?" Bedenine in, "Ben neredeyim? Onu hiçbir yerde bulamayacağım." Sessizce oturup kendine sorsan, "Ben neredeyim?" saatlerce, günlerce arasan, "Ben buradayım," diyebileceğin bir nokta bulamazsın. Kendi içinde aradığında, hiçbir yerde bir "Ben" bulamazsın.

Çin'de Wu adında bir imparator varmış. Bodhidharma isimli bir rahip Çin'e gitmiş ve vardığında Wu onu sınırda karşılamış. Wu, Bodhidharma'ya hacılar için bir sürü Budist tapınağı ve topluluğu inşa ettiğini, Buda heykelleri diktiğini, pek çok rahip ve *sannyasin*'e barınak verdiğini, yüksek öğrenim için bir sürü üniversite açtığını, sayısız vakıf kurduğunu, bir sürü iyilik yaptığını anlatmış. "Tüm bunların meyvesi ne olacak?" diye sormuş.

Bodhidharma, "Meyvesi yok; hepsi boşa gitti," demiş. "Bir ödül beklediğin an her şey boşa gitmiştir. Yaptıkların ne yardım ne başka bir şey, hepsi günaha dönüşür. Ödül arzusuyla hareket etmek günahtır. Bu soruyu sorarak sen her şeyi boşa harcadın. Eğer sessiz kalsaydın, hiçbir şey sormasaydın ve içinde sormak için istek duymasaydın yaptıklarının meyvelerini toplardın."

Wu düşünmüş: "Bu Bodhidharma denen adam eşsiz birine benziyor. Belki benim için bir şey yapabilir."

"Zihnim çok huzursuz," demiş Wu, "bana zihnimi huzura kavuşturmak için bir yol gösterebilir misin?"

Bodhidharma, "Sabah saat dörtte bana gel. Ama yalnız geldiğinden emin ol. Ben her şeyi huzura kavuşturacağım," demiş.

Bunu duyan İmparator daha çok şaşırmış. Bu rahibin çok tuhaf bir adam olduğunu düşünmüş. "Bir sürü rahiple konuştum, hepsi de çok konuşkandı, ama kimse her şeyi huzura kavuşturacağını söylemedi."

Oradan ayrılıp merdivenlerden inerken Bodhidharma ona seslenmiş: "Beni dinle, gelirken aklını da yanında getirmeyi unutma. Aklını evde bırakma, çünkü eğer ellerin boş gelirsen neyi huzura kavuşturabilirim? Aklını yanında getir ve sana huzur vereyim. Aksi takdirde yine sabahın ileriki saatlerinde gelebilirsin. Bazı deliler bana gelir ve onlara huzur vermemi isterler. Onlara gel derim ve elleri boş gelirler. Akıllarını yanlarına almazlar. O yüzden sen aklını yanına alsan iyi edersin."

Şimdi Wu daha çok şaşırmış. "Geri geldiğimde doğal olarak aklım da benimle gelecek. Bu adam ne demek istiyor?"

Sabah erken saatte İmparator yola koyulmuş, gidene kadar da düşünmüş. Oraya vardığında Bodhidharma ona sormuş: "Getirdin mi? Aklını da getirdin mi?"

"Sen neden bahsediyorsun?" demiş Wu. "Aklım benim bir parçam."

"O zaman gözlerini kapat ve onu ara. Nerede? Eğer aklın nerede olduğunu bulabilirsen onu huzura kavuşturacağım. Eğer bulamazsan ben ne yapabilirim?" demiş Bodhidharma.

İmparator aramış durmuş. Gözlerini kapatıp aradığında, onu hiçbir yerde bulamadığını fark etmiş.

Aramış, aramış ama akıl hiçbir yerde yokmuş, içerisi mutlak bir sessizlikmiş. Gözlerini açmış ve "Sıkıntı içindeyim. Bulunacak hiçbir şey yok," demiş.

Bodhidharma, "Çünkü huzura erdi. Bulunamayan bir şey nasıl rahatsız olsun?" demiş.

Oysa sen içeri dönüp bakmadın bile. Senin dışındaki benliğin aklının bulunduğu yerdir. Eğer içeri döner ve ararsan onu bulamazsın. Senin dışındaki benliğin "Ben"in bulunduğu yerdir. İçeri döner ve ararsan "Ben"i bulamazsın; bu, dışarıdaki benliğinin gölgesidir. Sen günün yirmi dört saati kendinin dışında hareket ettiğinden bir gölge doğdu ve bu sana "Ben" imajı vermektedir.

Yolda yürürken seni bir gölgenin takip ettiğini fark etmişsindir. İlk adımı attığında seni takip etmeye başlayan gölgenin bir saat sonra hâlâ arkanda olduğunu mu düşünüyorsun?

Seni izleyen gölge aynı gölge değildir. Gölge her an değişir. Aynı gölge nasıl takip edebilir? Her an üzerine yeni ışınlar düşüyor ve her an yeni bir gölge oluşuyor. Sen bir santimetre ilerlersin ve yeni bir gölge oluşur. O, başta gördüğün aynı gölge değildir. Bir saat boyunca yürürsen her saniye yeni gölgeler meydana gelir. Bir saat sonra gölgenin seni takip ettiğini söylersin. Bu ifade tamamen yanlıştır. Gölge aynı gölge değildir. Gölge kendini her an yeniler. Hiçbir gölge seni takip etmez. Sen güneşin altında durduğunda her an yeni bir gölge oluşur. Yürürsen yeni bir gölge oluşur; biraz daha ilerlersen başka bir gölge daha meydana gelir. Biraz daha yürürsen üçüncü bir gölge daha oluşur. Sen yürüdükçe gölgeler oluşur. Hiçbir gölge seni takip etmez.

Aynı şekilde, dış dünyadaki günlük yaşam aktivitelerimizde sürekli aktifizdir. Bu aktivitede, sürekli değişen bir gölge oluşur. Onun daimi değişimini göremeyiz ve "Ben" olan bir illüzyon doğar. "Ben" illüzyonu, "Ben" hissi dış dünyayla olan etkileşimimizden doğan gölgedir. "Ben"e tutunmaya başlarız. İçine bak, orada bir "Ben" bulamazsın. Ne kadar ararsan ara, "Ben" bulamazsın. Gölge yoktur. Aktivite yoktur. Kimseyle ilişki yoktur. Sayesinde bir gölgenin oluşabileceği bir güneş de yoktur. Sen evden çıkarsın ve bir gölge oluşur. Eve girersin ve gölge kaybolur.

Bir insan bir saat boyunca dışarıda dolanır. Sonra evine girer ve "Bir gölge hâlâ beni izliyor," der ve benden gölgenin nerede olduğunu söylememi ister. Ben ona evde gölge olmadığını söylerim. Gölge sadece evin dışındadır.

Sadece "Ben" hissi, başkalarıyla olan ilişkilerden doğan bir gölgedir. Ben sadece seni gördüğümde senin orada olduğunu hissederim. Seni gördüğümde orada olduğunu hissederim. Tüm dünyayı gördüğümde tüm insanların orada olduklarını görürüm ve onlar yüzünden ben de oradayımdır. O gölge "Ben" hissi, "Sen" yüzünden doğar. "Sen" olan yerde, bir "Ben" vardır, ama ben içe dönüp baksam "Sen" yoktur. "Sen" olmayan yerde nasıl bir "Ben" olabilir?

Ne söylediğimi anlıyor musun? "Ben" "Sen"in önündeyken, "Sen" var diye bir "Ben" hissi doğar. Ben içeri dönüp baksam bir "Sen" yoktur. "Sen" yoksa nasıl bir "Ben" olsun? "Sen" yoksa "Ben" doğmaz. "Ben" yoktur. Tüm yaşamlarımızı kendimiz dışında geçiririz, bu yüzden bir "Ben" olduğunu hissederiz. Bir gölge geliştirmeye başlarız, tamamen hayali bir "Ben", "Sen" var diye doğan bir "Ben", "Sen"in varlığına tepki olarak doğan bir "Ben", dışarıdaki ilişkilerden doğan bir gölge. Onun yüksek bir pozisyonu olmalıdır, çok parası olmalıdır, büyük bir evi olmalıdır, osu olmalıdır, busu olmalıdır. Tüm hayatımızı tamamen hayali ve sahte olan, sadece "Sen"in yansıması olan bir "Ben"i muhafaza ederek geçiririz.

Başarısızlık kaçınılmazdır. Bir insan gölgesine kıyafet giydirse, gölgesi için bir ev inşa etse, gölgesi için para kazansa sonunda gölge olmadığını fark eder ve her şey geride kalır. O zaman üzüntü ve keder aklını ele geçirir; acı, mutsuzluk, başarısızlık ve hayal kırıklığı ardından gelir.

Benim söylediğim şudur: "Sen"den doğan "Ben" gölgesinin derinliklerine in ve bak. "Ben kimim?" diye sorma. "Ben neredeyim?" diye sor. Arayacak ve "Ben"in hiçbir yerde olmadığını göreceksin. Eğer "Ben" yoksa hayatında bir dönüşüm gerçekleşecek; o "Ben"i gerçekleştirmek için yaptığın her şey gözüne anlamsız görünecek. "Ben" için pozisyon kazanmak, "Ben" için para kazanmak ve hatta "Ben"den vazgeçme eylemi bile anlamını yitirecek. Var olmayan bir şey için herhangi bir şey yapmak anlamsızdır.

Eğer "Ben" kaybolursa, eğer onu bulamazsan ne olur? O zaman algıladığın şey hakikattir, ruhtur, tanrısallıktır. Gölge, "Ben" kaybolduğunda, algıladığın şey hakikattir. Bu senin özdoğandır, özgün benliğindir, nihai benliğindir, ruhundur.

"Ben"i silmek için giysilerini değiştirmene, zenginliğinden vazgeçmene gerek yok. Asıl gereken, "Ben"in orada olup olmadığını görmendir. Eğer vazgeçeceğin "Ben" zaten orada yoksa vazgeçmek deliliktir. Sadece "Ben"in orada olup olmadığını bilmen gerek. Eğer "Ben" yoksa ondan vazgeçmek de söz konusu olamaz.

Bu yüzden meselenin egodan vazgeçmek olmadığını söylerim.

Egodan vazgeçen bir insan daha sağlam bir egoyla dolup taşar. O bir gölgeyle savaşmaktadır, değil mi? Orada olmayan bir şeyle savaşır. Orada olmayan şey kuşkusuz alt edilemez de. O zaman o, orada olmayan bir şey tarafından yenilgiye uğrayacaktır.

Lütfen ne söylediğimi anlamaya çalış. Eğer orada olmayan şeyle savaşırsan mağlup olman kaçınılmazdır, çünkü orada olmayan şeyi mağlup edemezsin. Sonuçta kaybettiğini görürsün. Var olmayan bir şeyle savaşmak anlamsızdır. Önemli olan, "Ben"in orada olup olmadığını bilmektir. Egosuz olabileceğini düşünmeye başlamadan önce egonun nerede olduğunu bilmelisin. Herhangi bir yerde mi?

İç dünyalarını sakin bir şekilde izleyen insanlar orada hiçbir şey olmadığını görürler. Meditasyonda, huzurda, zihnin sadeliğinde egoyu bulamazsın. Hiçbir şey bulamadığında, bir dönüşüm meydana gelir. Egoya dayalı aynı gündelik davranış artık nihai gerçekliğe dayanır. Tüm eylemler ego odaklıydı. O merkez dağıldığında dünya değişir. İnsanlar değişir. Başka bir insan doğar ve onun gündelik aktiviteleri nihai gerçekliğe yönelmeye başlar. O zaman ego merkez değildir, o zaman nihai gerçeklik, ruh, varoluş merkezdir. O zaman o insanın yaptıklarının amacı, egonun tatmin olması değildir; sadece ruhun bir armağanıdır; benliğin bir paylaşımıdır; sadece yayılımdır, çözünümdür.

Ego toplar, anti-ego paylaşır. Ben egosuzluktan gelen tüm eylemlere yardımsever derim. Egoyla dolmuş eylemlerde yardımseverlik olmaz. Bunlar taleptir; biri bir şey talep eder. Egosu olan biri bir şey talep eder ve egosu olmayan biri paylaşır. Bu yüzden ego hissin olduğu sürece yardımsever olamazsın. Senin yardımların talepten ibaret olur. Bir tapınak inşa etsen bu eylem karşılığında cennette ödüllendirileceğini düşünürsün. Bir rahibe yemek veya sadaka versen zihninde bu eylemin erdeminden dolayı bir sonraki hayatında ödüllendirilmen gerektiği vardır. Ne yaparsan yap, eğer bir şeyden vazgeçersen zihninde özgürlüğe erişeceğini hissedersin. İçinde herhangi bir ego kalıntısı bulunduğu sürece ne yaparsan yap, ardında hep bir talep vardır. Ardında hep bir kazançla motive olursun; ardında hep bir şey kazanma motivasyonu olur.

Ego sona erene kadar yardımseverlik diye bir şey olmaz. Sadece ego olmadığında yardımsever eylemler yapabilirsin. Ondan sonra ne yaparsan yap, adı yardımseverliktir, çünkü talep eden şeyin ta kendisi artık yoktur. Sadece vazgeçmek ve paylaşmak vardır. Benim boş olma hissi dediğim şey budur. Boşluk hissi *sannyas*'tır. "Ben"in boşluğu üçüncü adımdır.

"Ben"i ararken "Ben"in orada olmadığını görürsün; "Ben" boştur.

Sana üç adımı böyle anlattım: bilinç özgürlüğü, zihnin sadeliği ve zihnin boşluğu. Eğer bu üç mücevher de hayatında bir yer bulabilirse onların kombinasyonundan bir şey doğar ve o şeye aydınlanma denir. Aydınlanma, hakikate açılan kapıdır. Aydınlanma, benliğe açılan kapıdır. Aydınlanma, üstün yaşama açılan kapıdır. Sadece aydınlanma sayesinde coşkuyla, ışıkla, mutlulukla yüz yüze kalabilirsin.

Sadece aydınlanmaya eriştikten sonra insan minnet ve mutluluk duyabilir. Aydınlanmaya erişmemiş bir insanı ölü farz edebilirsin; aydınlanmaya erişmemiş bir insanı mezarda kabul edebilirsin. Aydınlanmamış bir insan, çoktan mezarda olduğunu anlamalıdır. Onun yaşamı değersizdir. Yaşamı tamamen değersizdir. Hiçbir anlamı yoktur. Hiçbir kıymeti yoktur; içinde minnet yoktur.

Benim din dediğim şey, hayatını anlam ve şükran duygusuna taşımaktır. Dindarlık, aydınlanmaya erişmek demektir. Dindarlık ve aydınlanma aynı şeylerdir. Dindarlık başlı başına özdoğadır ve aydınlanma sayesinde algı, yüzleşme ve deneyim gelir.

Aydınlanmaya erişmiş birkaç insan kutsanmış insandır. Sadece onlar yaşamaktadır, insanların geri kalanı yaşamaz. Onlar sadece gölgeden ibarettir. Gölgelere inananlar sadece gölgelerdir.

Tepkiye, küstahlığa ve egoya inanan insan sadece bir gölgedir. Gölgelere inanma. Gölgelere sarılma. Gölgeye sarılmanın iki yolu vardır. Duyusal hazlara düşkün olan bir insan, gölge için yeni hazlar arar. Ve her şeyden vazgeçmeye hazırlanan bir sofu, duyusal hazlara tepki vermektedir. İkisi de delidir.

Eğer bir şey sadece bir gölgeyse ne düşkünlük anlamlıdır ne de vazgeçiş.

Gölgeyi bildiğin zaman gölge kaybolur. Bu ne düşkünlüktür ne de vazgeçiş, ne tutunmaktır ne de bırakmak. Bu, düşkünlüğün ve vazgeçişin ötesinde bir evredir. Çekimin olduğu yerde gölgeye inanç vardır; vazgeçişin olduğu yerde de gölgeye inanç vardır. Zenginlik biriktiren insan zenginliğe inanır; zenginliğinden vazgeçen insan da zenginliğe inanır. Kadınların peşinden koşan insan kadınlara inanır; kadınlardan kaçan insan da kadınlara inanır. Her ikisi de inançlıdır. Biri çekime meyillidir, diğeri çekime karşı. Biri gölgenin peşinden koşar, diğeri gölgeden kaçar. Ama her ikisi de gölgeye inanır. Orada olmayan "Ben"e inanırlar. İkisi de yanılgı içindedir. Sadece tüm çekimlerin ve karşıtlıkların ötesindeki insan doğrudur.

Dolayısıyla çekimler ve karşıtlıklar olmadığında, gölge de yok olur. Ne birini takip etmen gerekir ne de birinden kaçman. Ne peşinden koşacak biri vardır ne de kaçacağın biri. Bir şeyin peşinden koşan insan kendinden kaçıyordur; bir şeyden kaçan insan da kendindeki bir şeyden kaçıyordur. Hiçbir şeyin peşinden koşmayan ve hiçbir şeyden kaçmayan insan kendi benliğinde kök salmıştır. İnsanın kendi benliğinde kök salması hakikattir; insanın kendinde olması dindarlıktır; insanın kendinde olması ruhta olmaktır; insanın kendinde olması tanrısallığa erişmektir.

Son üç gündür sana anlattığım şeyler bunlar. Belki söylediğim bazı sözler içinde tohuma dönüşür. Bazı sözlerin içinde filizlenmesi de mümkün. Bir şey senin için bir vizyona dönüşebilir; varoluştan dileğim, onun senin için bir vizyona dönüşmesidir.

Konuşmalarımı sevgi ve huzurla dinlediğiniz için hepinize

minnettarım. Son olarak içinizdeki budayı selamlıyorum. Lütfen teşekkürlerimi kabul edin.

Osho Uluslararası Meditasyon Merkezi

Lokasyon: Hindistan'da, modern Pune şehrindeki Mumbai'nin yüz altmış kilometre güneydoğusunda bulunan Osho Uluslararası Meditasyon Merkezi farklı bir tatil cennetidir. Meditasyon merkezi olağanüstü ağaçlarla çevrili bir alanda, on altı hektarlık muhteşem bahçelere yayılmıştır.

Eşsizlik: Her yıl meditasyon merkezi yüzden fazla ülkeden binlerce insanı ağırlar. Eşsiz kampüs daha çok farkındalık, rahatlama, kutlama ve yaratıcılıkla yeni bir yaşam biçiminin direkt kişisel deneyimi için fırsat sunar. Çeşitli günlük ve yıllık program seçenekleri mevcuttur. Hiçbir şey yapmamak ve yalnızca rahatlamak bunlardan biridir!

Tüm programlar "Zorba Buda" adı verilen OSHO vizyonuna dayanır. Bu, hem günlük hayata yaratıcı bir şekilde katılım gösterebilen hem de sessizlik ve meditasyonla rahatlayabilen niteliksel anlamda yeni bir insan türüdür.

Meditasyonlar: Her insan tipi için günlük meditasyon programları, özellikle OSHO Active MeditationsTM, aktif ve pasif, geleneksel ve yenilikçi yöntemler içerir. Meditasyonlar büyük olasılıkla dünyanın en büyük meditasyon salonu olan Osho Oditoryum'da gerçekleşmektedir.

Multiversite: Bireysel seanslar, kurslar ve workshoplar, yaratıcı sanatlar, holistik sağlık, kişisel dönüşüm, ilişki ve hayat bağlantısı, meditasyon-gibi-iş, ezoterik bilimler ve spor ve eğlenceye "Zen" yaklaşımı gibi pek çok alan içermektedir. Multiversite'nin başarısının sırrı, tüm programların insanlar olarak parçalarımızın toplamından daha fazlası olduğumuz anlayışını destekleyen meditasyonla kombine edilmiş olmasıdır.

Basho Spa: Lüks Basho Spa ağaçlar ve tropik yeşilliklerle dolu bir alanda açık havada yüzme olanağı sağlar. Eşsiz tarzı, geniş jakuzisi, saunaları, spor salonu, tenis kortları... Her şey merkezin büyüleyici güzellikteki atmosferiyle geliştirilmiştir.

Mutfak: Çeşitli restoranlar leziz Batı, Asya ve Hint usulü vejetaryen yemekler sunar. Ürünlerin çoğu meditasyon merkezi için özel olarak yetiştirilen organik ürünlerdir. Ekmek ve pastalar merkezin kendi fırınında hazırlanır.

Gece Yaşamı: Listenin en başında dans olmak üzere pek çok seçenek mevcuttur. Ayrıca programlar arasında yıldızların altında dolunay meditasyonları, çeşitli şovlar, müzik performansları ve gündelik yaşam için meditasyonlar yer alır. Bunların dışında, Plaza Cafe'de oturup yeni insanlarla tanışmanın ya da bu peri masalını andıran merkezin bahçelerinde dinginlik içinde yürüyüş yapmanın keyfini çıkarabilirsiniz.

Tesisler: Tüm temel ihtiyaçlarınızı Galleria'dan temin edebilirsiniz. Multimedya Galeri, çeşitli Osho ürünleri satmaktadır. Ayrıca kampüste bir banka, bir seyahat acentesi ve bir Sanal Cafe mevcuttur. Alışveriş yapmaktan keyif alanlar için Pune geleneksel ve etnik Hint ürünlerinden dünya çapındaki ünlü mağazalara kadar her türlü seçeneği sunar.

Konaklama: Osho Guesthouse'un şık odalarından birini tercih edebilir ya da daha uzun konaklamalar için program paketlerinden birini seçebilirsiniz. Ayrıca merkez çevresinde çeşitli otel ve hizmetli daireler bulmanız mümkündür.

www.osho.com/meditationresort

Osho Hakkında

Osho, kategorileştirmeye karşı çıkar. Binlerce konuşması bireysel anlam arayışından günümüze toplumların karşı karşıya oldukları en önemli sosyal ve siyasi sorunlara kadar her şeyi kapsar. Osho'nun kitapları Osho tarafından yazılmaz, uluslararası dinleyicilerle yaptığı doğaçlama konuşmalarının video ve ses kayıtlarından yazıya aktarılır. Osho şöyle der: "Unutmayın: Benim sözlerim yalnızca sizin için değil... Ben gelecek nesiller için de konuşuyorum." Osho, *Sunday Times* (Londra) gazetesi tarafından, "20. Yüzyılın 100 Yaratıcısı"ndan biri seçilmiş ve Amerikalı yazar Tom Robbins tarafından "İsa'dan bu yana en tehlikeli adam" ilan edilmiştir. *Sunday Mid-Day* (Hindistan) Osho'yu Hindistan'ın kaderini değiştiren on kişiden biri seçmiştir (Gandhi, Nehru ve Buda bu isimlerden bazılarıdır). Kendi çalışmaları hakkında Osho, yeni bir insanın doğumu için koşullar yaratmaya yardımcı olduğunu söyler. Genelde bu yeni insan tipini, gerek Yunan Zorba'nın dünyevi zevklerinden, gerekse Gautam Buda'nın sessiz sükûnetinden keyif alma becerisine sahip "Zorba Buda" olarak tanımlar. Osho'nun konuşma ve meditasyonlarının tüm yönlerini özümsemek, hem tüm geçmiş çağların zamansız bilgeliğini hem de günümüz (yarınımızın) bilim ve teknolojisinin en yüksek potansiyelini kapsayan bir vizyondur. Osho meditasyona yönelik çağdaş yaşamın hızlandırılmış süratinin bilincinde bir yaklaşımla, içsel dönüşüm bilimine yaptığı devrimsel katkılarıyla bilinmektedir. Eşsiz OSHO Active Meditations programı öncelikle beden ve zihnin biriken stresini boşaltmak için tasarlanmıştır. Böylelikle dinginlik ve düşünceden yoksun rahatlama deneyimini günlük yaşama entegre etmek kolaylaşır.

Yazarın iki otobiyografi çalışması bulunmaktadır:

Autobiography of a Spiritually Incorrect Mystic, St. Martin's Press, New York.

Glimpses of a Golden Childhood, Rebel Publishing House, Hindistan.

Detaylı Bilgi İçin
www.OSHO.com

Bir dergi, OSHO kitapları, ses ve video formatlarında OSHO konuşmaları, İngilizce ve Hintçe metin arşivi için OSHO kütüphanesi ve OSHO meditasyonları hakkında bilgi içeren kapsamlı, çoklu dil destekli web sitesidir. Ayrıca OSHO Multiversite programlarına ve OSHO Uluslararası Meditasyon Merkezi hakkında detaylı bilgiye bu siteden ulaşabilirsiniz.

Web siteleri:
www.OSHO.com/resort
www.OSHO.com/magazine
www.OSHO.com/shop
www.youtube.com/OSHO
www.oshobytes.blogspot.com
www.Twitter.com/OSHOtimes
www.facebook.com/pages/OSHO.International
www.flickr.com/photos/oshointernational

Osho International Foundation ile irtibat kurmak için:
www.osho.com/oshointernational
oshointernational@oshointernational.com